부자가 은행을 떠나지 않는 이유

부자가 은행을 떠나지 않는 이유

초판 1쇄 인쇄 | 2021년 10월 12일
초판 1쇄 발행 | 2021년 11월 1일

지은이 레간자
발행인 이승용

편집주간 이상지 | **편집** 김태희 이수경
마케팅 이정준 정연우
북디자인 이영은 | **홍보영업** 백광석
제작 및 기획 백작가

브랜드 치읓
문의전화 02-518-7191 | **팩스** 02-6008-7197
홈페이지 www.shareyourstory.co.kr
이메일 publishing@lovemylif2.com

발행처 (주)책인사
출판신고 2017년 10월 31일(제 000312호)
값 14,800원 | **ISBN** 979-11-90067-50-8 (03320)

1천만 원 종잣돈의 비밀!

부자가
은행을
떠나지
않는 이유

레간자 지음

부자들은 딱 1천만 원 종잣돈으로 부자가 될 준비를 끝냈다!
"부자는 은행에 가지 않는다? 일단, 은행부터 가라!!"

가장 빠르게 돈이 모이는
가장 확실한 직장인 재테크 방법

10년간 은행 VIP 고객들을
관리하며 겪은 실제 경험

차 례

PROLOGUE

은행 근무를 하며 제일 행복했을 때는 고객에게 그동안 알지 못해 활용하지 못했던 은행상품을 소개하고, 도움을 주었을 때입니다. 막 직장인이 된 고객에게 세액공제나 적금, ISA, 펀드 등의 상품을 설명 해드리고 궁금해했던 것을 알려 드렸을 때가 가장 좋았습니다. 그리고 재테크의 기초를 쌓고 종잣돈을 모으는 데 도움을 드렸을 때, 제가 하는 일에 보람을 느꼈고 기뻐하시는 모습에 제가 더 큰 힘을 얻었습니다.

우리는 부자가 되기를 꿈꿉니다. 돈을 효과적으로 꾸준히 모으기 위해 저축과 투자를 합니다. 인터넷과 유튜브에는 각종 재테크 정보들이 쏟아지고, 검색만 해도 다양한 상품들의 정보를 알 수 있습니다. 하지만 너무 많은 양의 정보 속에서 정확한 정보가 무엇인지, 나에게 맞는 금융상품은 어떤 것인지, 어디서부터 재테크를 시작해야 할지 모르는 고객들이 많았습니다.

서점에도 부동산과 주식, 부자에 관한 책은 많지만, 정작 우리가 쉽게 가는 은행과 은행상품에 관한 책은 잘 보이지 않았습니다. 실제로 젊은 직장인 고객의 경우 높은 금융 지식을 가지고 있는 것에 비해, 기초적인 적금과 예금의 차이에 대해 잘 몰랐고, 인터넷으로 접한 정확하지 않은 정보도 많았습니다.

수능 만점자들에게 만점 받은 비결을 물으면 이렇게 대답합니다. "수업 시간에 집중하고 교과서 중심으로 공부했어요." 그리고 자녀 교육법 책을 보면 효과적인 공부법으로 이렇게 소개되어 있습니다. "교과서가 최고의 책이다. 복습은 교과서로 해라."

저는 토익 공부를 할 때도 다양한 문제들을 풀어보는 것과 더불어 토익 문법 기본서를 꼭 한번 살펴보고 갔습니다. 그랬던 것처럼 재테크에 제대로 뛰어들기 전에 꼭 한번 살펴봐야 하는 재테크의 기본서라고 불릴 수 있는 책을 써보고 싶었습니다.

이 책을 쓰며 종잣돈을 모으는 데 도움이 되는 금융상품들에 대해 알려드리고, 기본적인 은행 상품들에 대해 소개했을 때 눈을 반짝 빛내던 고객들을 생각했습니다. 은행 생활 10년의 경력과 VIP실에서의 경험으로, 많은 분께 도움이 되는 재테크와 은행 상품에 대한 기본서를 집필하기 위해 최선을 다했습니다.

우선 가까운 은행을 통해, 그리고 스마트뱅킹을 활용해서 재테크를 시작하고 종잣돈 모으기를 시작해 보면 어떨까요? 주식, 부동산 투자를 하기 전에 우리가 쉽게 이용할 수 있는 은행 상품들을 알아보고 종잣돈 모으기를 시작해서 부자가 되기 위한 기초 체력을 기르고, 경제적 자유를 향해 한 걸음 걸어 보세요.

이 책은 돈을 크게 버는 방법이나 단기간에 부자 되는 법이나 최고의 금융상품에 관해 설명하고 있진 않습니다. 다만 부자가 되기 위한 초석인, 튼튼한 '종잣돈 마련'에 도움이 되는 은행 상품과 방법에 관해 이야기하고 있습니다.

《돈의 속성》의 저자인 김승호 작가는 "빨리 부자가 되는 유일한 방법은 빨리 부자가 되지 않으려는 마음을 갖는 것이다."라고 했습니다. 욕심이 생기면 올바른 판단을 할 수가 없고, 부를 다루는 기술과 유지하는 능력이 약해지기 때문입니다. 부는 차근차근 집을 짓는 것처럼 쌓아 나아가야 한다고 말입니다.

각종 언론에서는 빨리 부자가 된 사람들에 대해 영웅처럼 이야기합니다. 그리고 젊은 세대들은 그 사람들을 보며 빨리 부를 쌓기 위해 무리한 투자를 하거나 큰 위험을 감수합니다.

하지만 제가 만난 VIP들 중, 하루아침에 부자가 된 사람은 없었습니다. 일정 시간을 거치고 견뎌 마음의 그릇과 부의 그릇을 단단히 다진 분들이 부자가 되었습니다. 그리고 부를 유지하고 다루는 기술과 시스템이 갖춰져 있었습니다.

이 책을 통해 부동산, 주식 투자도 좋지만, 그전에 기본적인 은행 상품과 종잣돈 모으기에 대해 알고 실행하여 꾸준하게 부자가 되는 길을 찾으셨으면 좋겠습니다.

작가 레간자

1장

당신에게는
1천만 원이 필요하다

왜 1천만 원인가?

종잣돈의 시작, 1천만 원

"1천만 원 만들기를 목표로 가입해보세요."

적금에 가입하러 오신 고객에게 제가 하는 말입니다.
그렇다면 왜 1천만 원일까요?

저는 은행에서도 VIP실에 근무하고 있습니다. 주로 자산가 고객의 예금을 관리하고 업무를 도와드리며 포트폴리오를 만듭니다. 포트폴리오를 짤 때 최소 단위를 1천만 원으로 잡습니다. 예를 들면, 1억 원이 있는 경우, '위험 중립형' 성향의 고객이라면 7천만 원 정기예금, 2천만 원 채권형 펀드, 1천만 원 채권혼합형 펀드와 같이 포트폴리오를 짭니다. 자산 비율을 구성할 때는 고객의 성향과 기간에 따라 다르게 설정하는데, 여기서 중요한 것은 최소 단위를 1천만 원으로 보는 것입니다.

그 이유는 사실상 1천만 원 이상 가입해두어야 투자했을 때 어느 정도 수익률을 기대할 수 있기 때문입니다. 다시 말해 종잣돈으로 이자 수입을 기대할 수 있는 금액이 1천만 원인 것입니다. 정기예금에 가입한다고 가정할 때, 연 1% 정기예금 가입 시 1백만 원으로 가입할 경우 세전 1만 원의 이자를 받을 수 있지만, 1천만 원 가입 시 연 10만 원 이자를 받을 수 있습니다. 그렇기 때문에 1천만 원을 종잣돈의 시작이라고 할 수 있습니다.

10년 전, 신입 행원 시절에는 실적 때문에 직원이 자기 돈으로 상품에 가입하기도 했습니다. 저 또한 그러한 이유로 실손 보험 상품에 가입했습니다. 11만 원으로 10년 납입하고 100세까지 보장받는 상품이었습니다. 그 당시에는 단순히 실적 때문에 가입한 것이었는데, 벌써 가입한 지 10년이 되었습니다. 이제 납부를 하지 않아도 병원에 갈 때 비용이 나오면 병원비를 다시 돌려받으니 확실히 부담이 덜합니다. 게다가 100세까지 보장받을 수 있습니다.

은행 선배 중 한 명도 저와 같은 시기에 10만 원으로 10년간 납부하는 저축 보험에 가입했고, 어느새 만기가 되어 약 1,300만 원의 종잣돈이 생겼다고 합니다. 10년이라는 시간이 굉장히 긴 것 같지만, 지나고 보니 결코 긴 시간은 아니었습니다.

저와 그 선배 둘 다 10년 전 10만 원 저축 보험에 가입했던 일을 잘했다고 생각합니다. 당시에는 자의 반 타의 반으로 결정한 일이었지만, 만족할 만한 결과를 얻었습니다. 이는 꾸준한 저축으로 얻은 결과입니다. 시작하기로 마음먹는 것은 힘들지만, 일단 시작하고 나면 결국 목표에 도달하게 됩니다.

1천만 원의 힘

저는 사회 초년생 시절, 은행에 입사하고 나서도 처음엔 사실 돈에 크게 관심이 없었습니다. 돈은 그저 월급을 받고 일정 부분 저축을 해서 적당히 있으면 된다고 생각했습니다. 친구들과 이야기할 때도, 사업해서 역경을 딛고 크게 성공하여 부자가 된 사람보다는 안정적으로 월급 받고 생활하면서 편안하게 사는 사람이 좋아 보인다고 말하곤 했습니다. 마음 편하게 사는 게 최고라고 생각했던 것입니다. 다른 친구들도 대부분 롤러코스터 같은 삶보다는 적당히 벌고, 적당히 편안한 삶을 선호했습니다. 왜 돈을 모아야 하는지, 어떻게 하면 돈을 많이 모을 수 있는지, 어떻게 하면 부자가 되는지를 깊게 생각해 보지 않았습니다.

그래서 신입 행원 시절에는 그저 고객에게 이자 높은 상품, 이자 높은 예·적금을 신규로 권했습니다. 어떻게 하면 고객의 자산을 불릴 수 있는지, 또는 고객이 어떻게 자산을 불려왔는지에 대해서는 주목하지 않았습니다.

그러던 중 결혼을 준비하게 되었습니다. 결혼을 하니 가장 먼저 집이 필요했습니다. 아이를 낳고 나니 육아비, 생활비, 교육비 등 나가는 돈이 만만치 않았고, 더 좋은 주거환경을 찾게 되었습니다. 친구들과 말하던 안정적인 생활은 사실 제가 생각했던 것보다 쉽지 않았고, 더 많은 돈이 있어야 가능하다는 걸 알았습니다. 그때부터 돈과 부에 관해 공부하게 됐습니다. VIP실에서 부자들을 만나면서 그들이 어떻게 자산을 불렸는지 집중했습니다.

VIP 고객들은 목돈 모으기를 멈추지 않습니다. 금융자산 1억 이상 있는 고객도 적금에 가입합니다. 소득이 있을 때 종잣돈을 꾸준히 모으려고 합니다. 그 이유를 물어보니, 이자보다는 강제로 저축하려는 목적이라고 합니다. 1년 적금도 많이 가입하지만 3년 정도로 기간을 설정하여 월 100~200만 원으로도 가입하는 경우가 많습니다. 부를 이루는 데 가장 중요한 것은 종잣돈입니다. 종잣돈이 있어야 금액을 불릴 수 있기 때문입니다.

지금 당장 1천만 원이 있다면 무엇을 하고 싶나요? 1천만 원이 있다고 당장 부자가 되진 않지만, 부자가 되는 첫걸음이 될 수 있습니다. 일단 1천만 원을 모으면 가속도가 붙어 더 큰 금액이 되기 때문입니다. 1천만 원을 만들었다면 다양하게 사용할 수 있습니다. 1억을 만드는 밑거름으로 사용할 수도 있고, 원하던 여행을 갈 수도 있으며, 배우고 싶던 강의나 학교의 수업료를 낼 수도 있습니다. 나에게 투자할 수도 있고 소중한 경험을 쌓는 데 쓸 수도 있으며 더 큰 자금을 만드는 데 쓸 수도 있습니다. 선택지가 넓어지는 것입니다.

반대로 1천만 원이 없다면 갑작스레 생기는 일들에 대처하기 힘들어지거나 하고 싶은 일에 대한 제한이 생길 수 있습니다. 갑자기 들어가야 하는 병원비나, 올려달라는 전세금, 경조사비 등 종잣돈이 없으면 무방비로 대처하기 힘들어집니다.

1천만 원이 있다면? 5천만 원이 있다면? 1억이 있다면? 10억이 있다면? 즐거운 상상을 해보세요. 더 나아가 부자의 삶을 상상해보세요. 즐거운 상상과 그에 맞는 행동이 상상을 현실로 만들어 줄 것입니다.

나만의 씨앗을 뿌리자

종잣돈은 '시드머니'라고도 합니다.
국어사전의 뜻을 살펴보면

1. 부실기업을 살리기 위하여 금융기관에서 새로이 융자하여 주는 자금
2. 어떤 돈의 일부를 떼어 일정 기간 모아 묵혀 둔 것으로, 더 나은 투자나 구매를 위해 밑천이 되는 돈

흔히 우리는 '더 나은 투자나 구매를 위해 밑천이 되는 돈'이라는 의미로 쓰고 있습니다.

종잣돈은 시드머니라는 이름대로, 어떤 일을 하는 데 씨앗이 되는

돈입니다. 콩 심은 데 콩 나고 팥 심은 데 팥 나듯이, 그 씨앗은 내가 결정하고 그로 인한 열매도 내가 얻을 수 있습니다. 우리는 씨앗을 잘 심고 잘 길러주면 열매를 얻을 수 있습니다.

부모님은 강화에 조그만 텃밭을 사서 가꾸십니다. 상추, 토마토, 고구마 등을 심어서 기르고 수확하십니다. 주중에는 워킹맘인 저를 대신해 아이들을 봐주시고, 주말엔 텃밭에 가십니다. 저는 아이를 맡기는 죄송스러운 마음에 주말에도 고생하시는 것 같아 왜 텃밭까지 가꾸느냐고 좀 쉬시라고 말하곤 합니다. 부모님은 말로는 힘들다고 하시지만, 자연스럽고 행복해 보입니다.

또 손수 기른 상추나 토마토, 호박 등은 정말 싱싱하고 먹으면 건강해지는 느낌입니다. 게다가 텃밭과 산을 보고 있으면 시간이 멈춘 듯 평온함이 온몸에 흐릅니다. 자연과 함께하는 평화로움과 손수 기르는 기쁨에 몸이 좀 힘들더라도 주말에 계속 다녀오시는 게 아닌가 하는 생각이 듭니다.

주변에선 "이제 인생 즐겨야지 무슨 손주까지 봐줘!", "자기 애들은 자기들이 보라고 해." 하며 손주 봐주는 걸 극구 말리시는 분이 많다고 합니다.

처음에 부모님은 딸이 힘들게 고생할까 봐, 그리고 일 그만두는 게 싫어서 손주들을 봐주기 시작하셨습니다. 물론 지금도 그 마음이 있으시겠지만, 아이들이 예쁘게 커가는 모습에 큰 기쁨을 느끼셔서 봐주고 계신 것 같습니다. 몸의 고단함보다 손수 정성과 사랑으로 보살 피고 아이들이 성장하고 자라는 모습에서 느끼는 기쁨이 더 크다고 하십니다. 텃밭을 가꾸는 것도, 손주들을 봐주시는 것도, 기르고 성장하는 과정에서 느끼는 보람과 마음의 평화로움, 그리고 기쁨으로 좋아해 주셔서 감사할 따름입니다.

씨앗은 우리에게 기쁨과 희망을 줍니다. 씨앗을 심으면 씨앗이 열매가 되어 수확하는 상상을 하며 결과를 기다리는 희망과 기쁨이 있습니다. 희망에 찬 기쁨, 그리고 기르며 가꾸는 과정에서 얻는 즐거움이 있습니다. 마찬가지입니다. 1천만 원의 종잣돈은 당신에게 희망과 저축의 습관과 돈을 모으는 기쁨을 줄 것입니다. 1천만 원의 씨앗으로 당신만의 열매를 가꾸길 바랍니다.

당신이 1천만 원 모으기가 힘들었던 이유

왜 돈을 모으고 싶은가?

1천만 원은 어떻게 생각하면 적은 금액이지만 모으기 결코 만만한 금액은 아닙니다. 왜 이렇게 1천만 원 종잣돈 만들기가 어려운 걸까요?

많은 분이 "기간이 너무 길어요", 혹은 "매달 그렇게 적금 못 해요"라고 이야기하면서 안 될 거란 생각으로 시도조차 하지 않기 때문입니다. 하지만 재테크뿐만 아니라 다른 일에서도 일을 시작하기 전에 두려워서 시도조차 하지 않는 것보다, 어떻게 하면 되게 할 것인지를 고민하는 것이 목표에 더 빨리 도달하는 방법입니다.

많은 사람이 부자가 되겠다는 목표를 가지고 있습니다. 하지만 자신의 목표를 이루는 사람은 극히 드뭅니다. 20대에 3년 만에 슈퍼리치가 된 알렉스 베커는 그의 저서 《가장 빨리 부자 되는 법》에서 그 이유를 이렇게 설명합니다.

> "목표를 이루는 사람이 극히 드문 이유는 그들이 목표를 구체적으로 전혀 모르고 목표를 달성하는 방법에도 무지하기 때문이다. (중략) '부자가 되겠다.'라는 목표는 있지만 어떤 방법으로 부자가 될 것인지, 얼마를 모을 것인지, 부자가 되기 위해서는 얼마나 걸릴지, 모으기 위해서는 어떻게 할 것인지에 대한 답변은 없다."

즉 그들은 '성공이라는 사건' 그 자체에만 주목하기 때문이라고 합니다. 사람들은 성공한 사람들의 성공한 모습과 부자의 현재 모습만을 봅니다. 부자가 되기까지 얼마나 노력했는지, 얼마나 아끼고 절제했는지, 어떻게 돈을 벌었는지에는 관심이 없습니다. 그들이 가진 부만 보며 질투하곤 합니다.

하지만 우리는 그들이 가진 '부'보다 그들이 '어떻게 부자가 되었는지'에 더 관심을 가져야 합니다. 그래야 부자가 되는 방법들을 다양하게 고민하여 계획할 수 있고, 목표를 이룰 수 있습니다. 하루아침에 부자가 된 사람은 거의 없습니다. 은행을 찾아오는 VIP들은 주로 한 기업에 오래 근무했거나, 사업을 하거나, 전문직 종사자들입니다. 이들의 공통점은 꾸준히 자기 일을 해왔고 저축하는 습관을 지녔다는 것입니다. 저축하는 습관으로 인해 종잣돈을 모으고 그것이 부자가 되는 방법임을 알고 있는 사람들인 것입니다. 이들은 습관처럼 은행에 와서 저축하며 돈을 관리합니다.

부자가 되려면 부자가 되는 방법이 필요합니다. 부자가 되는 방법을 세우세요. 제가 제시하는 1천만 원 만들기는 부자가 되는 첫 단추라고 할 수 있습니다. 자신의 소득 중 저축 가능한 금액을 설정하고, 어떤 상품에 가입해 몇 년 동안 모을지 계획해 보세요. 목표와 그에 대한 계획이 있다면 1천만 원 모으기는 반드시 달성할 수 있습니다. 그리고 1천만 원은 당신에게 부자가 되는 첫걸음을 제시해 줄 것입니다.

1천만 원 모으는 방법

'어차피 안 될 거야.'라는 마음보다 '어떻게 하면 되게 할까?'를 고민하다 보면 여러 방법을 모색할 수 있습니다. 그리고 생각보다 아주 작은 시작으로도 충분히 결실을 맺을 수 있습니다. 어떻게 시작해야 할지 감이 잡히지 않으신다면, 제가 제시해드리는 아래 가이드를 따라 1천만 원 모으기를 당장 시작해보세요.

Step 1. 지출 금액 체크하기

필요한 소비는 해야 하지만, 의외로 나도 모르게 작게 새어나가는 소비들이 있습니다. 특히 충동구매가 불필요한 소비의 원인이 됩니다. 가계부를 쓰면서 한 달의 소비를 검토하고 다음 달 소비 계획을 짜면 좋겠지만, 가계부를 일일이 쓰기 힘들 경우 한 달 카드 명세서를 확인해보면 됩니다.

 한 달에 한 번만 해도 좋습니다. 매월 카드 명세서가 나오면 그달 소비금액과 소비 내용을 파악하고 다음 달 예상 지출 금액 목표를 세워보세요. 그달 내가 어떤 불필요한 소비를 했는지, 얼마나 저축할 수 있는지 확인해보고 저축금액을 늘리고 소비를 줄일 계획을 세울 수 있게 됩니다. 또한 카드 명세서로 소비 현황과 저축 가능 금액을 가늠해볼 수 있습니다. 저 또한 카드 명세서로 한 달의 소비 명세를 파악하고 어디에 돈을 많이 썼는지, 얼마나 저축할 수 있는지 확인하곤 합니다. 매월 기록하면 좋겠지만 적어도 한 달에 한 번이라도 재무 계획을 세워봅시다.

Step 2. 가계부 작성하기

 평소 이용하는 은행의 인터넷뱅킹에서도 가계부 작성을 할 수 있습니다. 종이 가계부를 쓰기 힘들다면 카드 명세서를 보고 한 달의 수입과 지출만이라도 기록해보세요. 한 달의 수입과 지출을 작성하면 인터넷뱅킹으로 기록이 남고, 연간 가계부 보고서를 확인해 볼 수 있습니다. 또한, 작성한 가계부를 바탕으로 예산을 설정하여 기록하는 서비스도 있습니다. 내가 주로 거래하는 은행의 인터넷뱅킹에서 손쉽게 가계부를 작성하여 나의 자산 현황을 파악하고, 사소한 소비를 줄여보세요.

Step 3. 체크카드 생활화하기

  신용카드는 당장 눈에서 잔액이 줄어드는 게 보이지 않아 소비를 절제하기 힘이 듭니다. 반면 체크카드를 쓰다 보면 바로바로 잔액이 줄어들기 때문에 생활비에 맞춰 생활하게 됩니다. 급여통장과 별도로 생활비 통장을 만들어 체크카드로 사용해보세요. 매월 소비할 금액의 목표가 생기고 실천하기 쉬워집니다. 체크카드도 신용카드 못지않게 혜택이 많습니다. 주거래은행의 체크카드를 살펴보고 나에게 맞는 혜택이 있는지 찾아보면 할인 혜택도 많이 받을 수 있습니다.

Step 4. 나를 위한 시간 가지기

  집에서 나만의 시간을 가져보는 건 어떨까요? 한때 주말에 일부러 약속을 만들어서 나간 시간이 있었습니다. 집에 있으면 심심하니 일부러 친구 불러서 전시회 가고, 영화 보고, 외식하면서 스트레스를 풀려고 했습니다. 물론 추억이 되지만, 애써 그런 시간을 만드는 것보다 나만의 휴식 시간을 가지는 것도 중요하다고 생각합니다. 이는 재테크 면에서도 좋고, 나의 성장을 위해서도 좋습니다. 나의 꿈, 나의 목표에 대해 더 많이 생각해 볼 수 있습니다. 시간에 끌려다니는 것이 아니라 내가 내 시간을 관리할 수 있게 됩니다. 나에 대해 생각을 많이 하고 목표를 세울수록 내 의지대로 원하는 삶을 살 수 있게 됩니다.

Step 5. 강제저축하기

일단 적금통장을 만들고 자동이체를 걸어서 강제로 저축하는 것입니다. 매월 10만 원이라도 좋습니다. 그러다가 점점 금액을 늘려나가면 됩니다.

첫 근무 지점에서 담당했던 VIP 고객은 식당에서 일하는 분이었는데, 예금·적금 통장만 7개가 있었고, 당행에 예·적금된 금액이 1억 원가량이었습니다. 일하는 동안 급여의 일정 부분을 무조건 자동이체 시켜 적금 통장으로 빠져나가게 했고, 적금이 만기가 되면 다시 예금으로 가입하는 루틴을 가진 분이었습니다. 덕분에 금융자산이 늘어가는 재미를 느끼고 계셨습니다.

Step 6. 재미있는 상품에 가입해보기

재테크의 목표를 잡았더라도 재미가 없다면 꾸준히 하기가 힘이 듭니다. 이런 고민을 해결하기 위해 각 은행에서는 돈을 모으는 재미를 느끼게 해주는 상품들이 출시되어 있습니다. (2021.8.29 기준)

① 농협은행

걸음 수 목표를 달성하면 우대금리를 주는 'NH 함께 걷는 독도 적금'이 인기입니다. 걸음 수에 따른 우대금리가 있고 탄소 포인트 가입에 동참하면 추가 금리를 줍니다. 건강과 저축을 함께 할 수 있어 더욱 즐겁게 돈을 모을 수 있습니다.

② 우리은행

'스무 살 우리 정기적금'이 인기입니다. 20대 버킷리스트 중 하나로 목표하는 돈을 도전해서 모을 수 있도록 해줍니다. [스무 살 우리 플랜]을 선택할 수 있는데 200만 원 만들기(1년제), 400만 원 만들기(2년제), 700만 원 만들기(3년제) 중 선택하면 신규 시 선택한 플랜대로 신규 금액 과 매월 자동이체 금액이 자동으로 설정됩니다. 목표대로 자동으로 신규 금액과 자동이체를 설정해줘서 편리하게 돈을 모을 수 있습니다.

③ 카카오뱅크

잔돈 모으는 '저금통'을 출시했습니다. 내가 모으기 규칙을 선택하면 알아서 규칙에 따라 저축됩니다. 동전만 모으고 싶다면 동전 모으기, 입출금 패턴에 맞추어 모으고 싶으면 자동 모으기를 선택해 저축하는 재미를 느낄 수 있게 해주는 상품입니다.

상품은 계속 바뀌고 인기 있는 상품들도 변하지만, 관심을 가지고 찾아보면 자신이 재미있게 가입할 수 있고 더불어 우대금리를 받을 수 있는 상품들이 계속 출시되고 있습니다. 인터넷 검색만 해도 인기 있는 상품들이 나오고, 경제 신문을 본다면 다양한 은행의 상품들을 소개하는 기사도 볼 수 있습니다. 더 자세히 알고 싶다면 점심시간에 은행을 방문하는 것도 추천합니다. 더욱 자세한 설명을 들을 수 있습니다.

알려드린 가이드를 따라 저축 습관을 들인다면 1천만 원 모으기는 더는 어렵게 느껴지지 않을 것입니다. 돈을 모으는 습관으로 재테크의 기초체력을 기르고 은행을 활용한다면 1천만 원 만들기는 반드시 할 수 있습니다.

부자는 은행에 가지 않는다?

가장 쉽게 부자 되는 방법

가장 쉽게 부자 되는 방법은 무엇일까요?

미국의 재무 설계사 톰 콜리가 233명의 부자들과 128명의 가난한 사람들을 관찰하고 집필한 《습관이 답이다》를 통해 부자와 결혼하지 않은 평범한 사람들이 부자 되는 4가지 방법을 아래와 같이 제시했습니다.

1. 저축가-투자가의 길입니다. 꾸준한 저축과 투자로 부자가 된 사람들입니다.
2. 몽상가의 길입니다. 사업을 하거나 성공한 배우나 음악가, 작가가 되어 큰 돈을 버는 방법입니다.
3. 승진 사다리의 길입니다. 기업에서 임원으로 승진해 부를 쌓는 것입니다.
4. 전문가의 길입니다. 의사나 전문직 종사자로 돈을 버는 것입니다.

콜리가 조사한 부자의 22%가 저축가-투자가였습니다. 누구나 시도할 수 있는 가장 쉽게 부자 되는 첫 번째 방법은 저축가-투자가의 길입니다. 두 번째에서 네 번째 방법은 내가 노력하더라도 행운이 따라줘야 합니다. 행운은 결과가 금방 나타날 수도 있고, 시간이 오래 걸릴 수도 있습니다. 또한, 돈을 목적으로 배우나 음악가, 승진, 전문가가 되는 것을 목표로 한다면 과정이 더 힘들어질 수 있습니다. 오로지 나의 일에 열정을 다할 때 목표를 이루는 것이지, 돈을 좇아 일하다 보면 목표 달성은 더 오래 걸리거나 실현되지 않을 수 있습니다. 따라서 부자를 목표로 몽상가의 길이나 승진 사다리의 길, 전문가의 길을 선택했을 때 목적만 남고 이유 즉, WHY를 잃게 되면 꿈은 실현되기 어렵고, 실현되더라도 행복하지 않을 수 있습니다. 반면 첫 번째의 저축가-투자가의 길은 내가 어떤 직업을 가졌든, 내가 지금 얼마가 있든 관계없이 공평하게 시작할 수 있습니다.

저축가-투자가가 되는 길은 누구나 알고 있지만, 아무나 갈 수 없는 길이기도 합니다. 절제와 저축은 습관이 된 사람만이 오랫동안 할 수 있는 일이기 때문입니다. 하지만 다시 생각해 보면 저축하는 습관과 꾸준함과 절제력이 있다면 우리는 누구나 부자가 될 수 있습니다.

저축과 투자를 일상의 일부로 만들어보세요. 부자들은 저축과 투자가 일상이 된 사람들입니다. "부자도 은행에 가나요?"라고 묻는 분들이 있습니다. 부자는 부동산이 많고 주식으로 돈을 벌 텐데 금리가 낮은 은행에 갈 일이 없다고 생각하시는 것 같습니다. 하지만 VIP실에 근무하는 제가 봤을 때 일반 고객들보다 오히려 부자 고객들이 은행에 자주 옵니다. 은행 방문하는 것을 습관화하여 일상의 일부분으로 생각합니다. 즉 부자들은 은행에 방문하여 저축과 투자하는 것이 일상입니다.

부자들의 은행 활용법

일반 고객들은 인터넷, 스마트뱅킹을 자주 이용하지만, 부자 고객들은 주로 은행에 방문하여 업무를 처리합니다. 인터넷, 스마트뱅킹은 주로 우리가 계좌이체나 예금 해지 등 필요할 때만 업무를 처리하게 됩니다. 필요할 때만 저축하는 것이 아닌 일상적으로 은행을 방문하여 저축하는 일상을 만들어보는 것은 어떨까요?

부자들은 은행에 와서 직접 업무처리를 하며 본인의 금융자산을 꼼꼼하게 관리합니다. 환전이나 예금 가입, 통장 입금, 고지서 등 납부, 각종 금융업무 처리 시 대면으로 처리하고 메모하면서 꼼꼼하게 자산을 관리합니다. 비교적 간단한 업무인 입출금을 할 때도 금액과 날짜를 꼼꼼하게 한 번씩 더 확인하고, 항상 기록을 남겼고, 세금에 대해서도 관심을 많이 두었습니다. 즉 이렇게 은행에 와서 업무처리를 함으로써 자산의 전체적인 규모와 자산 이동의 흐름을 파악합니다.

또한, 자주 은행에 방문해서 환율, 금리, 상품 등 동향을 파악하고, 정기예금, 정기적금, 신탁 등 은행 상품에 가입하고 있습니다.

요즘 금리가 어떤지, 환율은 얼마인지 얼마에 바꿀 수 있는지, 주로 많이 가입하는 상품은 어떤 것인지 계속해서 관심을 기울입니다. 그리고 변화를 받아들이고 적절히 대응합니다. 은행 방문을 통해 금융의 동향을 파악하고, 내가 취할 수 있는 포지션을 취하는 것입니다. 예를 들어 환율이 떨어지면 평소보다 더 환전하여 달러를 확보하거나, 금리가 올랐으면 대출이자를 상환하면서 유리한 포지션을 취할 수 있습니다.

은행에서 받을 수 있는 서비스도 적극적으로 활용합니다. 은행에서는 VIP 고객에게 부동산 자문 서비스, 세무서비스, 법률상담 서비스 등을 제공합니다. 부동산 세금이나 상속세 등 세금에 관한 고민이 있거나 투자하고 싶은 부동산이 있을 때 믿을 만한 전문가를 찾는 일이 중요할 겁니다. 이때 은행에 소속된 부동산 자문가, 세무사, 변호사를 소개받아 세무 상담이나 부동산, 법률 상담을 받을 수 있습니다. 저축과 투자는 우리를 부의 길로 안내해 줄 것입니다. 진정한 위대함은 꾸준함에서 나옵니다. 누구나 할 수 있지만, 아무나 할 수 없는 일입니다.

은행을 통해 저축과 투자를 일상화하시기 바랍니다. 저축과 투자를 습관화한다면 우리는 이미 가장 빨리 부자 되는 길로 들어선 것입니다.

실제로 VIP실에서 근무하기 전 일반 창구에서 근무할 때도 자주 오는 거래처 직원분과 친하게 지낸 적이 있습니다. 회사 입출금 업무로 자주 오셨고, 자주 이야기를 나누다 보니 은행에 신상품이 나오거나 특판 예금이 나올 때, 상품을 안내해드리고 혜택을 드리고자 했습니다. 고객께서도 만족하시고 특판 예금이 나올 때나 금리가 높을 때 상품에 가입할 수 있었습니다.

체크카드나 입출금 통장도 고객에 맞게 혜택이 좋은 것으로 바꿔 드렸습니다. 이렇게 꼭 VIP 고객이 아니어도 은행에 자주 오는 고객에게 더 맞는 혜택을 드리기가 쉽습니다.

VIP 고객들이 은행에 방문해 처리하는 업무는 정말 다양합니다. 하지만 특별한 일없이 입출금 업무와 통장정리, 환전과 같은 간단한 업무를 보면서 이야기를 나누다 가는 경우도 많았습니다. 정치, 세계 경제에 관한 생각 등을 같이 이야기하고 인생 선배로서 좋은 이야기나, 여행이나 운동 등 서로 관심 분야에 관해 대화를 나누곤 했습니다. 저도 이야기를 듣는 것이 즐거웠고, 좋은 이야기도 많이 들을 수 있어서 배울 점도 많았습니다. 그래서인지 저도 단순히 고객이라는 생각을 넘어 진심으로 잘 해드리려고 노력했고, 금융상품을 파는 것이 아닌 금융 서비스를 하고자 노력했습니다.

부자 고객들은 이처럼 은행에 자주 들러 은행 직원들과 친분도 쌓고 금리, 환율, 상품에 대한 동향을 파악합니다. 그래서 환율이 낮을 때 달러를 사고, 금리가 높을 때 예금에 가입하고, 특판이나 좋은 상품이 나왔을 때 상품에 가입합니다.

　지금부터라도 은행을 가까이하고 저축과 투자를 일상으로 만드는 저축-투자가의 길을 걸어보는 건 어떨까요? 은행을 너무 어렵게 생각하지 마세요. 은행은 점심시간에도 문을 엽니다. 매일은 아니더라도 점심 식사 후 카페를 가는 것처럼 한 번씩 은행에 들러보세요. 가서 입출금도 하고 어떤 상품이 있는지, 어떤 적금이 있는지 확인해보세요. 모바일뱅킹으로 다 알 수 없었던 정보들을 얻을 수 있을 것입니다. 은행에 가서 금리는 몇 프로인지, 환율은 얼마인지, 어떤 상품이 있는지 확인해보세요. 그리고 내가 필요할 때 상품에 가입해보세요. 좀 더 금융에 익숙해지는 기회가 됩니다.

내가 몰랐던 BANK의 비밀

'은행' 하면 어떤 것들이 떠오르나요? '예금, 적금', '대출' 혹은 '금리' 등 몇몇 단어가 떠오를 겁니다. 예금과 대출은 은행의 기본적인 업무입니다. 하지만 은행에는 우리가 몰랐던 비밀이 있고 다양한 일을 하고 있습니다.

은행원의 하루

VIP실에서 근무하는 저의 하루를 소개합니다. 오전 8시에 출근해 9시까지 업무 준비를 합니다. 금고가 열리면 하루 동안 쓸 현금과 통장 등 증서를 꺼내옵니다. 은행 게시판을 통해 그날 새로 출시된 상품이 있는지, 금리가 몇 프로인지, 환율, 주가 등을 점검하고, 경제신문을 통해 그날의 이슈를 확인합니다.

그리고 은행이 문을 열기 전에 대여금고 시스템을 켜둡니다. 대여금고는 VIP들의 개인 금고로 주요 고객의 전용 금고입니다. 이용자의 지문과 비밀번호로 이용할 수 있습니다. 저는 시스템이 잘 작동되도록 관리하는 역할을 합니다.

　9시가 되어 문이 열리면 고객을 응대합니다. 생각보다 VIP 고객은 오전에 많이 방문합니다. 오전에는 비교적 한산한 편이기 때문에 환율, 경제, 정치에 관해 이야기를 나누고 필요한 업무처리를 해드립니다. 고객에게 따뜻한 차를 내어드리기도 하고, 편안하게 계시다 갈 수 있도록 해드립니다.

　혹 대기하는 고객이 있으면 편안하게 기다리실 수 있도록 대기용 소파와 테이블 위에는 신문사별로 여러 개의 신문과 잡지가 비치되어 있습니다. 최근에 제가 근무한 지점은 레이아웃 공사를 해서 지점이 카페처럼 변신했습니다. 카페처럼 넓은 테이블이 중앙에 있고 창가 쪽에 혼자 앉을 수 있도록 창가를 마주 본 테이블과 의자가 있습니다. 대기 좌석에 앉아 번호표만 보며 기다리지 않아도 되고, 창가 쪽 테이블에 앉아 커피를 마시며 책을 보거나 노트북을 하며 기다려도 됩니다.

　점심을 먹고 돌아오면 일반 창구에 많은 고객이 대기하고 있습니다. 직장인들은 주로 점심시간에 업무를 보러 오기 때문입니다. VIP 창구는 일반 창구보다 오는 고객이 상대적으로 적습니다. 점심시간에 VIP 고객이 없으면 일반 창구에서 기다리는 고객의 업무를 처리해드립니다.

　구체적으로는 일반 환전, 예금 신규, 각종 부가적인 업무들을 처리해드립니다. 환전 시 가능하면 환율 우대를 적용해드리고, 가능하면 예금 우대 금리도 적용해드립니다. 간혹 일반 고객이 "VIP실에서 일반 통장 비밀번호 변경이나 통장 해지 같은 업무를 해도 되나요?" 하고 물으시는데 창구별로 업무가 제한되어 있지않습니다. 주로 맡은 업무가 있지만, 업무에 제한된 것은 없어서 모든 업무를 처리할 수 있습니다. 단, 저는 지점에서 보험 상품도 판매할 수 있는 판매인이라 대출업무는 취급할 수 없는 제한이 있습니다.

 VIP 고객의 은행 업무처리와 해외송금 등의 업무를 처리하다 보면 시간은 금세 오후 4시가 됩니다. 은행 셔터를 닫으면 마감 업무가 시작됩니다. 맡은 마감 업무를 마치면 그날 오신 고객의 업무처리를 검토하고, 고객 정보에 메모해 남깁니다. 예금을 신규로 가입해드린 고객이 달러에 관심이 많고 추후 상담을 받으러 오기로 했으면 고객 정보에 그 내용을 기록하고 추후 일정을 메모해 연락드릴 수 있도록 점검하는 것입니다. 또 그달 예금 만기도래 고객들을 파악하고 미리 SMS나 전화로 알려드립니다.
 업무를 마감하면 대략 6시~6시 30분 정도가 됩니다. 최근 주 52시간제로 인해 특별한 업무가 없으면 업무를 마치고 퇴근합니다.

나도 몰랐던 은행의 비밀

 저의 하루를 잘 살펴보면, 은행의 비밀을 알 수 있습니다.

SECRET 1. 은행원이 줄 수 있는 혜택은 생각보다 큽니다.

예금에 가입할 때 추가 우대금리 제공이 가능하면 추가 금리 혜택을 줄 수 있습니다. 환전할 때도 환율 우대 혜택을 좀 더 제공할 수 있습니다. 물론 상품마다 특판 예금은 추가 우대금리 혜택 제공되지 않는 상품이 있습니다. 금리 우대와 환율 우대 혜택은 범위가 제한적이긴 하지만, 어느 경우에 은행원에게 우대 혜택을 받을 수 있습니다. 저도 주거래 고객에게 우대 혜택 제공이 가능한 상품이면 금리 우대를 해드렸고 환율 우대도 가능한 범위 내에서 최대한 혜택을 드렸습니다. 큰 금액이면 환전 시 환율 우대 혜택에 따라 절감되는 비용이 적지 않기 때문에 가능하면 우대해드려서 혜택을 드리려고 했습니다. 예금이나 환전할 일이 있다면 은행에 방문해 은행원이 주는 혜택을 받는 것도 좋은 방법입니다.

SECRET 2. 일반 고객도 VIP실에서 업무를 볼 수 있습니다.

바쁜 점심시간에 일반 창구가 많이 밀리고 VIP실에 고객이 없다면, 업무를 볼 수 있습니다. 꼭 바쁜 시간이 아니더라도 다양한 은행 상품에 대해 더 알고 싶다거나 투자 상담을 하고 싶다면 VIP실에서 상담받을 수 있습니다. 이곳에서 상담할 경우 상대적으로 긴 시간 동안 여유 있게 은행 업무를 볼 수 있습니다. 일반 창구는 예금이나 펀드 상담을 길게 하면 대기하는 고객이 많아져서 길게 상담하기 힘든 부분이 있습니다.

SECRET 3. VIP가 되면 받을 수 있는 혜택이 커집니다.

은행마다 다르지만 주로 1억 이상 예금이 있으면 VIP실에서 업무를 볼 수 있습니다. VIP 고객이 되면 지점 대여금고가 비어있을 경우 사용할 수 있고, VIP실에서 상대적으로 여유 있게 업무를 볼 수 있습니다. 여러 은행에 자금이 분산되어 있다면 주거래 은행을 정해 이용하는 것도 좋은 방법입니다.

SECRET 4. 은행의 공간이 변화하고 있습니다.

은행 지점들이 통폐합되면서 지점들도 변신을 시도하고 있습니다. 과거 전통적인 은행 지점이 아닌 환경의 변화에 맞춰 모습을 바꾸고 있습니다. 서점처럼 변신한 지점, 카페 분위기를 낸 지점, 미술관처럼 그림을 전시해 놓은 지점 등으로 지점 위치의 특성에 따라 다양한 모습으로 변신 중입니다.

SECRET 5. 은행에는 생각보다 다양한 상품이 있습니다. 예금, 적금, 펀드, 외화예금, 외화 펀드, 보험, 골드바 등, 은행에 방문해서 나에게 맞는 금융상품이 어떤 것이 있는지 파악하고 가입해보는 것도 좋습니다.

소개해드린 혜택은 모두 은행에 직접 방문해야만 받을 수 있는 혜택입니다. 일반 고객도 VIP실에서 긴 상담을 받을 수 있고, 나에게 맞는 다양한 상품을 소개받을 수 있습니다.

　또한, 은행은 우리가 일상 속에서 돈의 에너지와 흐름을 느낄 수 있는 가장 가까운 공간입니다. 우리는 돈의 에너지가 있는 공간으로 들어가 나의 부를 만들어 갈 수 있습니다. 돈은 우리의 생활과 떼려야 뗄 수 없습니다. 돈과 친해지고 돈을 소중히 다루는 것은 부를 끌어당기는 행동입니다.

핵심 TIP

❶ 1천만 원 모으는 방법

Step 1. 지출 금액 체크하기
카드 명세서로 소비 현황과 저축 가능 금액을 세워보기

Step 2. 가계부 작성하기
주거래 은행 인터넷뱅킹에서 가계부 작성하기

Step 3. 체크카드 생활화하기
급여 통장과 별도로 생활비 통장을 만들어 쓸 만큼만 입금하여 생활하기

Step 4. 나를 위한 시간 가지기
내 의지대로 원하는 삶을 살 수 있는 목표 세우기

Step 5. 강제저축하기
적금통장을 만들고 자동이체를 걸어서 매월 10만 원씩 강제로 저축하기

Step 6. 재미있는 상품에 가입해 보기
적금에 가입하는 목적과 의미에 부합하고 높은 금리를 추구할 수 있는 상품 찾아보기

----

❷ 부자들의 은행 활용법

1. 각종 금융업무 처리 시 직접 은행에 방문하여 처리하여, 은행원이 줄 수 있는 혜택을 최대한 받고, 처리한 업무에 대해 메모하면서 자산을 전체적으로 꼼꼼히 관리합니다.
2. 은행 방문을 통해 금융의 동향을 파악하고, 주로 많이 가입하는 상품은 어떤 것인지 파악하여 좋은 포지션을 취합니다.
3. VIP 고객에게 제공되는 부동산 자문 서비스, 세무서비스, 법률상담 서비스 등, 은행에서 받을 수 있는 서비스를 적극적으로 활용합니다.

2장

일단,
은행부터 가라

은행이라고 다 같지는 않다

은행에 가서 자산관리를 받자

은행은 모두 똑같다고 생각하시나요? 사실 은행에서 출시되는 상품이나 금리는 비슷합니다. 예금 금리도 비슷하고 상품도 비슷하게 출시됩니다. 하지만 은행을 모두 똑같이 이용하진 않습니다. 은행에서 어떤 직원과 어떻게 거래하느냐에 따라 체계적인 자산관리를 할 수 있습니다.

많은 분이 묻습니다. "은행에서 자산관리를 해주나요?" 네, 자산관리를 해드립니다. 단, 자산관리에 관심이 있으신 고객님들께 말입니다. VIP 고객들은 대부분 자산관리에 관심이 많고, 관리받기를 원합니다. 그래서 VIP실에서 신경 써서 고객관리를 해드리려고 노력합니다.

은행에서 고객과 상담하다 보면 재테크와 금융에 관심이 많고 적극적으로 질문하며 자산관리를 하고자 하는 분들이 계십니다. 직원은 고객과의 상담 내용을 기록해놓고 전산에 저장할 수 있습니다. 직원들이 나만의 고객으로 등록할 수도 있고, 내가 상품에 가입해 드린 고객의 리스트도 볼 수 있습니다.

금융상품에 관심이 있고 적극적인 고객에 대해서는 그 내용을 보통 직원들이 저장합니다. 그러면 기록이 남아 다음에 상담 시 다른 직원이 그 상담 내용을 볼 수 있습니다. 어떤 상품에 관심이 있는지, 어떤 금융서비스를 받고 싶어 하는지에 관해 내용을 알 수 있게 됩니다. 자산관리를 받고자 하고, 은행을 활용하고자 한다면 직원에게 이야기해보세요.

나에게 맞는 은행원을 찾자

은행을 자주 방문하다 보면 은행 직원 중에 나와 잘 맞고 신뢰가 가는 사람을 만날 수 있을 겁니다. 사람마다 자신에게 맞고 편한 사람이 다르므로 어떤 직원이 좋다기보다는 자신에게 맞고 편하고 신뢰가 가는 직원을 찾으면 좋습니다.

저의 경우에는 VIP 자산관리와 더불어 제가 상품에 가입해드린 고객 리스트를 보고 새로운 정보를 원하는 고객에게는 연락을 드리거나 기존 상품 리밸런싱을 권유해드립니다. VIP가 아니어도 펀드에 관심 있는 분들에게는 펀드에 대한 자세한 상담과 궁금한 사항, 관심 있는 상품 등에 대해 상담을 해드립니다. 이야기하다 보면 고객에 대해 더 알 수 있게 되고 그러면 더 어울리는 상품에 가입해드릴 수 있게 됩니다.

> "운명학에서 가장 중요하게 다루는 것도 사람 사이의 인연법입니다. 우리가 생명의 에너지를 우주로부터 받는다면, 삶의 에너지는 살아가는 동안 주위 사람들로부터 받는답니다. (중략)
> 인간관계를 판단할 때 '내 마음이 편안한가, 불편한가'를 가장 중요한 기준으로 삼으세요. 상대방의 마음 상태를 먼저 헤아려 거기에 내 마음을 맞출 필요는 없답니다."
> —《오래된 비밀》이서윤

만나서 대화하면 마음이 편안해지는 사람이 있고, 같이 있으면 왠지 모르게 불편한 사람이 있습니다. 회사생활에서도 마음이 편한 사람과 자연스레 인연을 유지하게 됩니다. 내 마음이 편한 사람에게는 많이 나누려 하고, 주려고 합니다. 내가 도와줄 업무가 있는지, 어려움은 없는지 살피게 되고, 내가 줄 수 있는 것을 주고자 합니다. 하지만 모두에게 그런 것은 아닙니다. 먼저 사람을 살피고 나와 맞는지, 어떤 사람인지 살펴보는 기간이 있습니다.

은행원과 고객과의 관계에서도 서로 편한 사람들이 있습니다. 저 또한 저와 잘 맞는 고객에게 많은 걸 드리려고 하고, 최선을 다하려고 합니다. 이런 저의 진심이 닿았는지, 제가 다른 지점에 근무하게 됐을 때도 종종 찾아와 차를 마시거나, 은행 용무가 없어도 방문하여 많은 이야기를 나누고 가는 고객들이 있습니다. 상대방에게 진심으로 대할 때 그 진심을 느끼고 알아준다면 신뢰 관계가 형성됩니다. 저도 사람인지라 그런 고객에게는 은행원으로서 드릴 수 있는 서비스와 금융관리를 해드리고 더 드릴 게 없는지 고민하게 됩니다.

은행이라도 어떤 직원을 만나냐에 따라 활용도가 달라집니다. 만났을 때 마음이 편하고 나와 궁합이 맞는 직원을 만나 금융 파트너가 된다면 더는 예전과 같은 은행이 아니게 됩니다. 편하게 만나서 상담할 수 있고, 나의 성향을 잘 알고 적합한 금융설계를 해주는 은행원을 찾아보세요.

한번은 환율이 높았던 시기에 1억 원을 외화 정기 예금에 가입하고 싶어 하는 고객이 있었습니다. 2019년 12월 달러가 1,190원대로 달러 가격이 비싼 편이었고 근래에 가장 높은 시기였습니다. 환율은 예측하기 어렵지만 저는 경기 대비 과도하게 높다고 생각되었고 곧 환율이 안정될 것 같았습니다. 그래서 환율 알림서비스를 보내드릴 테니 매일 고시환율을 보고 나눠서 달러 가격이 내려갈 때마다 달러로 환진한 후에 예금에 가입하자고 말씀드렸습니다.

약 일주일 뒤 환율이 1,160원대로 떨어졌습니다. 1,190원대에 환전했다면 84,000달러를 99,960,000원에 환전했을 겁니다. 1,160원대에는 84,000달러를 97,440,000원으로 환전할 수 있습니다. 약 252만 원이 차이가 납니다. 일주일 사이에 252만 원을 아낀 셈입니다.

은행원에게 원하는 상품과 관심 있는 분야에 관해서 이야기하면 직원은 상담을 통해 원하는 것을 최대한 해드리고자 합니다. 그리고 환율 알림서비스 등 필요한 부가서비스를 제공해드립니다. 달러 정기예금에 가입했던 고객은 제가 관리하던 VIP 고객이 아니었으나, 그 일을 계기로 재방문하여 지속해서 거래하게 되었습니다. 꾸준한 거래로 저의 고객이 된 것입니다.

이처럼 고객이 자산관리를 원하고 자신에게 맞는 직원에게 가서 지속해서 거래한다면 은행에서 자산관리를 받을 수 있게 됩니다.

자주 보는 직원, 신뢰가 가는 직원, 편한 직원에게 방문해서 거래해보세요. 은행원도 고객과 친해지고 싶어 합니다. 나에 관해 이야기하면 나에게 맞는 부가서비스를 받을 수 있습니다.

지점마다 다른 은행 서비스

은행마다 그리고 지점마다 에너지와 공기가 다릅니다. 같은 은행이라도 지점마다 그 지역의 특성, 그리고 주 고객층에 맞게 특화된 서비스와 상품들이 있습니다. 상품 자체는 같지만 주로 판매하는 상품이 달라지니, 직원들의 상품에 대한 전문성과 서비스가 달라지기도 합니다.

예를 들면 외국인이 많은 지역은 해외송금이나 외화거래 하는 고객이 많아서 다양한 나라의 통화를 환전할 수 있고 해외송금 업무도 더 빠르게 진행할 수 있습니다. 구청 근처 지점은 공금업무에 특화되어 있고 대기업 근처 지점 중에는 거래처 회사직원들에게 더 혜택을 주는 지점들도 있습니다.

저도 아파트 상가에 있는 지점에 있을 땐 주로 개인 고객님들이나 PB(Private Banking, 거액 예금자를 상대로 고수익을 올릴 수 있도록 해주는 금융 포트폴리오 전문가) 업무가 지점의 주 업무였습니다. 상대적으로 주변에 기업이 적고 아파트의 개인 고객님들이 많아 주부 고객들을 대상으로 업무를 많이 처리해드렸고 예금, 적금 등 저축 상품 신규 가입을 도와드리고, 만기 관리 및 상담을 주로 했었습니다.

직장인 분들이 많은 지점에서는 세액공제 상품이나 직장인 대출, 급여통장 신규, 퇴직금 통장 신규 가입 등이 주 업무였습니다. 지점에 퇴직금 통장을 신규로 가입하는 고객들을 따로 관리하고 상품을 운용할 수 있게 안내해드렸습니다. 급여통장에 대한 혜택과 연계 상품에 대해서도 안내해드리는 업무를 했습니다.

근무했던 지점마다 위치와 주 고객층에 따라서 주로 하는 업무가 달랐고 주로 하는 업무에 관해선 빠른 업무처리를 할 수 있도록 업무에 관해 깊이 숙지했으며 전 직원이 그 업무를 잘 할 수 있는 환경이 되었습니다.

나에게 맞는 곳이 어디인지, 어디서 서비스를 받는 것이 도움이 될지 파악해 보세요. 내가 직장인이면 직장 근처 지점을 몇 군데 방문해 직장인 관련 급여통장이나 세액공제 상품에 대해 알아보세요. 내가 학생이라면 학교 안의 지점이나 학교 근처 지점에 가면 도움이 됩니다. 지점 직원에게 내가 원하는 서비스를 묻고 빠르고 정확한 답변을 얻을 수 있다면 원하는 서비스를 쉽고 빠르고 정확하게 받을 수 있게 됩니다.

주거래 은행을 만들어 볼까?

주거래 은행, 어디로 하지?

"저 여기 주거래 고객인데, 금리 우대받을 수 있나요?"

예금이나 적금 신규 시 고객들이 물어보는 질문입니다. 대답은 당연히 "네, 받으실 수 있어요."입니다. 상품마다 차이는 있지만 급여 이체, 공과금 이체, 카드 이용고객에게 금리 우대 혜택을 제공합니다.

그렇다면 주거래 은행은 어떻게 만들면 좋을까요?

직장인이라면 급여를 받는 은행을 주거래 은행으로 하면 좋습니다. 예금, 적금 가입 시 급여 이체를 받는 고객의 경우 높은 금리 우대를 받을 수 있기 때문입니다. 또한, 수수료 면제 혜택도 받을 수 있습니다. 그리고 급여를 받는 은행에서 거래하는 것이 자동이체나 계좌 관리하기 편리합니다. 은행을 이용할 땐 자주 이용할 수 있도록 편리한 곳이 가장 좋습니다.

하지만 급여를 받는 은행이 주변에 아예 없거나 급여를 받지 않는 경우에는 가까운 은행을 이용하는 게 좋습니다. 처음 통장을 개설할 때나 예금 신규를 할 때, 카드 신규를 할 때 등 직접 은행을 방문해야 하므로 찾기 쉽고 가까워야 자주 갈 수 있기 때문입니다.

여의도에 있는 지점에 근무할 당시, 고객층은 주로 주변 회사 직원 분들이었습니다. 점심시간을 이용해서 주로 오셨고, 환전이나 예금 상담, 펀드 상담 등을 하러 오셨습니다. 입출금이나 계좌 이체 등 업무도 많이 하러 오셨는데, 주거래 고객에게는 지점에서 인터넷으로 환전하는 것보다 더 높은 환율 우대를 적용해드렸습니다.

목동지역에 근무할 당시에는 목동 인근 거주 고객이 많이 오셨습니다. 그때는 다들 정말 자주 오셔서 무척 친근했고 오시면 반갑고 안 오시면 궁금해질 정도로 정이 많이 들었습니다. 동네 고객들과는 개인적인 이야기도 많이 나눴기 때문에 각자의 상황에 대해 많이 알게 되어 맞춤 자산관리를 해드릴 수 있었습니다. 그래서 가입하고 계신 예금 상품보다 혜택이 좋은 특판 상품이 나오면 다시 가입하시라고 안내드리기도 했고, 개인에게 맞는 포트폴리오를 짜서 제안해드리기도 했습니다.

주거래 은행을 만드는 이유

주거래 은행을 만들면 내 일상의 공간에 은행을 추가할 수 있습니다. 내가 주로 가는 장소에 주거래 은행을 추가해보세요. 주거래 은행이 있다면 나의 자주 가는 장소에 즐겨찾기를 하기 쉬워집니다. 일단 장소가 익숙해지고 가기 쉬운 장소라면 자주 가기 편해집니다. 집 근처에 좋아하는 카페를 발견한다면 내가 자주 가는 장소에 카페를 추가하게 됩니다. 시간 날 때마다 한 번씩 들러 커피를 마시고 책도 보러 가게 됩니다. 좋아하는 카페를 추가하는 것처럼 주거래 은행을 추가해보세요.

목동에 있는 지점에 근무할 당시, VIP 창구에서 근무했는데 거의 매일 은행 문을 열기도 전에 먼저 와계신 VIP 고객이 계셨습니다. 나이가 70대셨는데 젊을 때는 엔지니어였고 현재는 외부에 강의와 교육도 다니며 바쁘게 생활하는 분이었습니다. 한번은 은행에 이렇게 일찍 오시는 이유를 여쭤보니 업무를 시작하기 전에 아침 일과 중 하나인 미리 처리해야 할 은행 업무를 보기 위해서라고 하셨습니다. 아침 5시에 일어나 운동을 하고, 신문을 읽고, 독서를 하고 나면 제가 근무했던 지점에 오는 것이 아침 일상이었던 것입니다. 그분은 검소와 절약, 그리고 저축이 습관화되어있어 실제로 당행에만 금융자산이 5억 정도 있으셨습니다. 검소와 절제의 습관화, 그리고 저축의 일상화는 부자의 습관 중 하나입니다.

새로운 환경에서는 습관을 바꾸기 쉽다. 색다른 커피숍, 공원 벤치, 평소 거의 이용하지 않는 방구석 자리 등 새로운 장소로 가서 새로운 습관들을 만들어보라."

—《아주 작은 습관의 힘》, 제임스 클리어

저는 육아에 지치거나 혼자 있고 싶을 땐 집 근처 카페에 가서 책을 읽거나 글을 씁니다. 카페는 저에게 커피를 마시는 공간이 아닌, 책을 보고 글을 쓰는 나만의 공간이 됩니다. 카페에서 독서하고 글을 쓰는 저의 습관이 만들어진 것입니다.

새로운 습관을 만들고 싶으면 새로운 공간에 가면 쉽습니다. 집에 있으면 TV 보고 게임을 하는 아들에게 책을 읽는 습관을 만들어주고 싶었습니다. 같이 서점에 가서 책을 고르게 하고, 같이 북카페에 가서 아들이 좋아하는 음료수를 주문합니다. 아들은 북카페에 가면 자기가 좋아하는 책을 고르고 음료수를 마시며 책을 읽습니다. 음료수도 맛있고 책을 읽는 게 좋았는지 아들은 또 가자고 합니다. 집에선 책 읽으라고 잔소리를 하게 되지만, 북카페에 가면 자연스럽게 책을 읽게 됩니다. 새로운 습관이 만들어진 것입니다.

저축하는 습관을 만들고 싶으신가요? 은행에 가보세요.

은행은 고객과 직원들이 저축과 금융상품에 관해 대화하고 상호작용하는 공간입니다. 내가 원하는 금융상품들이 어떤 것들이 있는지 추천받을 수 있고 쉽게 입금하고 저축할 수 있습니다. VIP 고객들은 수시로 방문하여 얼마의 금액이라도 입금을 합니다. 산책하다 들르기도 하고, 회사 가기 전이나 점심시간을 활용해 방문합니다. 은행에 자주 들러서 저축하고, 입금하고, 정기예금에 가입하거나, 달러로 환전을 합니다. 그리고 직원과 함께 경제 이야기, 금융 이야기 등도 함께 나누며 현재 시장 상황에 대해 알려드리고 앞으로 경제 전망이 어떨지에 대해서도 함께 이야기합니다. 이렇게 되면 은행은 단순히 입출금하는 곳이 아닌 저축의 습관을 만들고 재테크를 하며 금융 공부를 하는 곳이 됩니다.

　카페처럼 자주 가는 은행을 만들어보세요. 거창하게 '은행을 가야겠다!'라고 어렵게 생각하지 말고 카페를 가듯 편안하게 가는 은행을 만들어보는 것입니다. 자주 가는 카페를 처음에 어떻게 고르는지를 생각하면서 자주 가는 은행을 만들어보세요. 주로 단골 카페를 처음에 고를 때 먼저, 가까운 카페가 어딘지 확인합니다. 은행도 마찬가지로 내 주변 가까운 은행이 어딘지 확인해보세요. 두 번째로 스타벅스나 엔제리너스 등 내가 좋아하는 카페 브랜드가 있으면 가봅니다. 마찬가지로 내 급여통장이 개설된 은행이 있으면 가보세요. 세 번째로 브랜드 카페에 내가 좋아하는 메뉴가 맛있는지 확인해봅니다. 급여통장 개설 은행에 가서 내가 찾는 예금이나 적금 상품이 혜택이 좋은지 확인해보세요. 마지막으로 카페 직원이 친절하면 단골이 됩니다. 은행도 직원이 친절하면 단골이 됩니다.

내 일상의 공간에 은행을 추가하고 나의 생활에 저축을 추가해서 종잣돈 만드는 습관을 길러보세요. 나의 일상에 저축과 투자를 추가한다면 저축하는 투자가가 되어 부자가 되는 길이 열립니다.

통장에 이름표를 붙여라

통장 이름표로 나의 계획 세우기

종이 통장 있으신가요?

저는 디지털의 편리함도 좋아하지만, 아날로그의 감성과 여유로움도 좋아합니다. 스마트뱅킹도 자주 하지만 종이통장도 모아두고 있습니다. 종이통장을 보면 과거의 거래명세도 한 번에 볼 수 있고 '그때 어땠지, 그때 무슨 일이 있었지' 하며 기억을 꺼내 보기도 합니다. 핸드폰의 일정표를 보며 시간을 기록하면서도 따로 다이어리를 가지고 일정 관리를 하고 기록을 하는 것과 비슷합니다. 디지털도 필요하고 아날로그도 필요하다고 생각합니다. 둘을 적절히 사용할 때 편리하면서도 깊이 있게 기록하고 생활할 수 있습니다.

종이통장을 만들고 관리하는 VIP들은 통장에 기록을 많이 합니다. 입출금 시에도 옆에 어떤 용도로 출금했는지, 어떤 자금으로 입금했는지 매번 기록합니다. 예금을 신규 가입할 때는 통장 앞에 만기일을 크게 기록합니다.

거기에 덧붙여 저는 이렇게 제안합니다.

"통장 앞에 이름표를 만들어보세요."

이름표를 만드는 것은 거창한 게 아닙니다. '여행통장', '결혼자금', '아이 학원비' 등 통장을 만드는 목적을 통장 표지에 크게 적어놓는 것입니다. 즉 통장을 만들기 전에 목표를 세우고 그 용도에 맞게 상품을 가입하는 것입니다.

통장마다 돈 모으는 목적을 명확히 하면 종잣돈을 효과적으로 모을 수 있습니다.

예금상담을 할 때 꼭 하는 질문은 "어떤 자금이세요?", "기간은 얼마나 예치하실 수 있으세요?"입니다. 즉 어떤 목적이냐에 따라 기간이 달라질 수 있는데 그에 맞는 상품에 가입해 드립니다.

예를 들면 6개월~1년 단기로 자금을 모을 경우 정기적금이 적합할 것입니다. 3년~5년 동안 종잣돈 마련을 할 계획이라면 정기적금과 더불어 3장, 5장에서 자세히 설명하겠지만, 채권형 펀드, ISA 상품을 고려해 볼 수 있습니다. 5년~10년 장기저축 계획이라면 적금, 주식형펀드, 달러 예금 등의 상품도 계획할 수 있습니다.

일단 돈 모으는 목적을 명확히 정해보세요. 은행에서 상담받을 때 목적과 기간을 말하면 상품을 추천받을 수 있습니다. 그리고 상품에 가입해 그 통장에 이름표를 붙여보세요. 실물 종이 통장이면 더 좋습니다. '여행 통장', '학자금 통장', '내 집 마련 통장', '결혼자금 통장' 등 이름표를 붙이면 동기부여가 되고 볼 때마다 의지를 다질 수 있게 됩니다.

통장 나누기가 쉽지 않다고요? 먼저 급여통장과 생활비 통장부터 만들어서 나눠서 사용해보세요. 그리고 생활비 통장에는 체크카드를 만들어서 씁니다. 체크카드를 쓰면 소비 명세가 모두 통장에 기록됩니다. 한 달의 내용을 보면 그달 지출명세를 파악할 수 있습니다. 내가 어느 곳에 소비를 많이 하는지 어느 곳에서 더 소비를 줄일 수 있는지 통장을 보고 알 수 있습니다. 그달 소비명세를 보고 다음 달에는 급여 통장에서 생활비 통장으로 한 달 쓸 만큼만 돈을 입금합니다. 그리고 그만큼만 쓰도록 생활비를 맞춰봅니다. 통장에 잔액이 없으니 그 잔액에 맞게 생활비를 맞추게 됩니다. 어떻게 돈을 모아야 할지 모르겠다면 일단 생활비 통장을 따로 만들고 체크카드를 만들어서 시작해 보세요. 내 돈의 흐름을 파악하고 예산을 짜는 것부터가 재테크의 기본이자 시작입니다.

종이 통장은 실물로 그동안의 거래명세를 한 번에 볼 수 있고 과거의 거래 명세부터 한눈에 볼 수 있는 장점이 있습니다. 또한, 내가 통장 여백이나 표지에 마음껏 메모할 수 있고 다이어리처럼 또는 가계부나 일기처럼 마음대로 적을 수 있습니다. 그래서 기록과 메모를 내 마음대로 할 수 있는 장점이 있습니다.

하지만 종이 통장을 발행하기 어렵고 관리가 힘들다면 어떻게 통장에 이름표를 붙여야 할까요? 다른 방법이 있습니다. 스마트뱅킹에서 내 계좌에 이름을 붙일 수 있습니다. 스마트뱅킹 메뉴 중 '계좌별명관리'에서 내 계좌에 별명을 즉 이름표를 붙이는 것입니다. 은행 스마트뱅킹마다 조금씩 차이는 있겠지만 보통 은행 계좌를 클릭해서 들어가면 '계좌관리'라는 메뉴가 있습니다. 계좌관리에 들어가면 여러 가지 메뉴들이 있는데 '계좌별명관리, 통장 사본 조회, 메모통계보기' 등 통장을 관리할 수 있는 메뉴들이 있습니다. '별명관리'에서 내 통장에 이름표를 붙이고 '메모통계'에서 내 계좌의 거래명세 중 메모가 등록된 항목에 대해 볼 수 있습니다. 내가 내 계좌에 입금하거나 이체를 할 때는 메모를 남겨두면 나중에 더 기억하고 기록하기 쉽습니다.

통장을 일기장으로 활용하자

가가계부를 쓰고 있으신가요? 가계부를 일일이 쓰고 매달 예산을 짜고, 가계부 통계를 내서 입금과 지출의 흐름을 파악하면 절약하고 저축하는 데 도움이 됩니다. 하지만 바쁘다 보면 매일 가계부를 쓰는 게 사실 쉽지 않습니다. 저 역시 매일 가계부를 쓰지 못합니다. 대신 통장을 봅니다. 통장을 분리하고 그 통장에 메모하고 기록하면 통장이 가계부가 됩니다. 통장을 목적에 따라 이름표를 붙여주고 그 통장에 메모하고 기록하여 일기를 써보는 것입니다.

종이 통장을 나의 자산관리 일기장으로 활용해 보세요. 이른바 나만의 '통장 일기장'을 만드는 것입니다. 통장에 이름표를 붙인 뒤 여백의 공간에 어떤 자금이었는지 이날 무슨 일로 썼는지, 어디로 돈을 이체했는지 메모하며 나만의 일기장으로 활용해 보는 것입니다. 날짜는 저절로 찍히니 편하게 활용할 수 있습니다. 또한, 체크카드를 쓰면 나의 소비명세가 저절로 찍혀 내가 몰랐던 소비명세를 점검해 볼 수 있습니다.

> "하루뿐이라도 휴가는 반드시 필요하다. 바쁜 생활에서 완전히 벗어나서 자신을 되찾는 시간을 갖도록 하라. 이런 리셋 과정의 핵심은 일기 쓰기를 가능한 많이 하는 것이다. (중략) 주간 계획을 세우면서 회복을 위한 간단한 일기를 함께 쓰는 것이 좋다. 매주 지난주에 대해서 반성하고, 보다 나은 다음 주 계획을 세울 수 있기 때문이다."
>
> – 《최고의 변화는 어디서 시작되는가》, 벤저민 하디

더 나은 삶을 위해 일기를 쓰라고 말하는 벤저민 하디는 리셋 과정의 핵심이 일기 쓰기라고 합니다. 일기 쓰기를 하면 나의 삶을 돌아볼 수 있습니다.

저도 하루에 적어도 한 시간, 안 되면 주말 2~3시간은 나만의 시간을 가지려고 노력하고 있습니다. 회사와 육아에 치이다 보니 나만의 시간이 너무 소중하게 느껴집니다. 이 시간은 그야말로 나를 일상에

서 재충전하게 해줍니다. 회사의 업무와 육아 등 해야 하는 일들 사이에 의도적으로 나의 시간을 갖지 않으면 내 생각대로 생활이 흘러가지 않게 되고 해야 할 일들에 휩쓸려 시간이 지나가 버리게 됩니다. 일기를 쓰고 기록하면 나를 객관적으로 돌아볼 수 있게 됩니다. 나는 하루에 어떤 행동을 하는지, 내가 중요하게 생각하는 일은 무엇인지, 해야 할 일은 무엇인지, 하고 싶은 일은 무엇인지 돌아보게 됩니다. 그리고 새로운 목표를 세울 수 있습니다. 기록은 나의 행동 중에 제일 중요하게 해야 할 일은 무엇인지, 하고 싶은 일은 무엇인지 생각하게 합니다. 또한 다시 목표를 세우고 내가 살고 싶은 삶을 살아갈 수 있게 해줍니다.

통장을 활용해서 나의 자산관리 일기를 쓰면 그 기록을 보고 한 달 동안 지출 내용을 파악하며 다음 달 생활비를 계획할 수 있습니다. 나의 일주일 혹은 한 달의 저축내용을 돌아보고 다음 달 저축목표를 세우거나, 한 달의 투자 상품 수익률을 돌아보고 다음 달은 어떻게 투자할지 계획할 수도 있습니다. 나의 재정 상태를 기록하고 돌아보면 원하는 목표를 달성함으로써 경제적 자유에 가까워질 수 있습니다.

나를 위한 일기와 기록을 생활화해보세요. 나의 일상과 더불어 돈에 대해 기록한다면 내가 원하는 꿈과 경제적 자유를 동시에 이룰 수 있습니다.

돈 관리의 기본, 스마트뱅킹 활용법

돈 관리의 기본, 스마트뱅킹 활용법

스마트뱅킹은 '아예 안 해본 사람은 있어도, 한 번만 해본 사람은 없다'라고 할 수 있을 정도로 가입하고 나면 계속 이용하게 되는 편리한 서비스입니다. 처음 스마트뱅킹 앱을 설치하고 이용 방법을 숙지한다면 간편해서 계속 이용하게 됩니다. 하지만 혼자 처음 시작하려면 어떻게 해야 할지 막막해하는 분들이 많습니다. 연령대가 있으신 분들뿐만 아니라 20~30대분들도 회원가입, 보안 카드발급, 인증서 등록을 처음 할 때는 어려워하는 분들이 많습니다. 스마트뱅킹, 어떻게 시작하면 좋을까요?

1. 은행 방문해서 ID 만들기

스마트뱅킹을 처음 시작하려면 아이디와 비밀번호가 필요한데 처음 가입 시 은행을 방문하여 ID 등록을 하는 것이 좋습니다. 인터넷뱅킹

사이트에서 ID를 만들어 가입할 수도 있지만, 인터넷으로 가입할 때는 조회용으로만 가입이 가능합니다. 즉 계좌이체, 보안 카드나 OTP 카드 발급까지 완료하려면 처음 한 번은 은행을 방문해야 합니다.

은행에서 ID를 등록하고 임시비밀번호를 설정하고 보안 카드와 출금계좌 등록까지 할 수 있습니다. 그러면 보통 완료되었다고 안내문을 받을 수 있는데 ID와 임시비밀번호를 보통 8일 이내 인터넷이나 스마트뱅킹으로 등록하라는 문구가 있습니다. 은행에서 가입한 뒤 다시 내가 가입한 은행 앱을 스마트뱅킹에 설치하고 8일 이내에 등록해야 합니다. 등록하지 않으면 다시 은행에 방문해서 설정해야 하니 유의해야 합니다.

ID와 임시비밀번호로 로그인을 하면 계속 사용할 비밀번호를 다시 설정합니다. 그리고 인증서를 다운받아야 계좌이체 업무를 할 수 있습니다.

2. 금융인증서 또는 공인인증서 발급 받기

그다음은 금융인증서나 공동인증서(구 공인인증서)를 발급받아야 합니다. 보통 스마트뱅킹에서 전체 메뉴 → 인증/보안 → 금융인증센터를 클릭하면 인증서를 발급받을 수 있습니다. 인증서를 발급받아야 계좌이체나 금융상품 가입 후 해지 업무를 할 수 있습니다.

공동인증서는 기존 공인인증서가 이름이 바뀐 것으로 기능은 같습니다.

금융인증서는 기존 공동인증서의 불편함(유효기간, 복사, 복잡한 비밀 번호 등)을 개선한 새로운 인증서입니다. 공동인증서의 복잡한 비밀 번호는 PIN, 패턴, 생체인증으로 편리하게 변경되었습니다. 유효기 간은 3년으로 매년 갱신하지 않아도 됩니다. 인증서는 금융인증서나 공동인증서 중 하나를 선택하여 발급받으면 본격적인 은행 업무를 시작할 수 있습니다. 참고로, 공동인증서보다 금융인증서를 발급받 으면 간단한 패턴으로 로그인과 이체를 할 수 있어 편리합니다.

3. 내 계좌 관리하기

스마트뱅킹을 가입해서 로그인하면 내 계좌를 한눈에 볼 수 있고 쉽게 관리할 수 있습니다. 스마트뱅킹을 로그인하면 내 계좌의 잔액 과 최근 거래내역을 쉽게 확인해 볼 수 있습니다. 전체계좌 조회 버 튼을 누르면 내가 가지고 있는 전체계좌의 잔액과 금융상품들을 확 인해 볼 수 있습니다.

최근엔 내가 가입한 은행뿐만 아니라 '오픈뱅킹서비스'를 통해 다른 은행 계좌도 조회할 수 있습니다. 메뉴 중 다른 은행을 클릭하면 계 좌를 추가할 수 있는데 '계좌 한 번에 추가하기'를 클릭하면 다른 은 행의 계좌번호를 몰라도 내가 가입한 다른 은행의 계좌들을 추가하 여 조회할 수 있습니다. 다른 은행의 계좌들을 조회해 잔액이 있다면 즉시 이체를 통해 다른 은행의 계좌 잔액을 내가 이용하는 은행으로 이체도 간편하게 할 수 있습니다. 주거래 은행의 어플하나로 여러 은행의 계좌를 하나로 편리하게 관리할 수 있습니다.

계좌이체를 할 때마다 매번 인증서 비밀번호를 누르고 보안 카드 번호를 누르기 귀찮다면 '간편 이체 서비스'를 통해 보안 카드와 인증서 없이 간편하게 이체를 할 수 있습니다. (은행마다 서비스의 이름과 가입방법은 다를 수 있습니다.) 메뉴 중 '이체, 출금' 메뉴에 들어가면 이체 관리에 '간편 이체'라는 서비스가 있습니다. 이체 한도는 1일 5백만 원까지 내가 설정하여 그 금액 이하로는 보안 카드와 인증서 비밀번호 없이 간편하게 이체할 수 있는 서비스입니다. 이 서비스를 통해 더욱더 쉽게 은행 업무를 볼 수 있습니다.

4. 상품 가입하기

스마트뱅킹의 가장 큰 장점 중의 하나는 쉽게 예금이나 적금에 가입할 수 있다는 것입니다. 메뉴 중 보통 예금, 적금, 대출, 펀드, 청약, IRP(Individual Retirement Pension, 개인 퇴직 계좌) 등 가입할 수 있는 상품이 카테고리가 있어 종류별로 다양한 상품을 확인해 볼 수 있습니다. '예금' 메뉴를 클릭하면 가입 가능한 예금 상품이 다양하게 나오고 '적금' 메뉴를 클릭하면 여러 가지 종류의 적금 상품들을 확인할 수 있습니다.

또한, 내가 최근에 본 상품과 AI를 기반으로 한 똑똑한 추천 상품이 화면에 나오기도 합니다. 연령대 주간 BEST 상품 목록이 표시되기도 하니, 무슨 상품에 가입해야 할지 모를 때 참고해 보면 좋습니다.

예금, 적금 등의 상품 메뉴를 클릭해 다양한 상품을 하나씩 클릭해 보면 요즘 어떤 상품들이 있는지, 금리는 몇 프로인지, 확인해보고 공부할 수 있어 재테크를 하는 데 도움이 됩니다.

5. 다양한 기능들

• 영업점 출금 서비스

상품에 가입하러 오는 고객 중, 신규 가입할 때 고객의 입출금 통장에서 돈을 출금해야 하는 상황이 많이 발생합니다. 카드나 통장을 가지고 있으면 다행이지만, 그렇지 않은 경우도 많습니다. 불과 몇 년 전만 해도 이런 경우 통장이나 카드를 재발급받아 출금해서 상품 가입을 도와드렸었습니다. 그러면 시간도 오래 걸리고 고객도 통장이나 카드가 또 생기는 불편함을 감수해야 했는데, 요즘엔 이런 경우에 핸드폰만 있으면 내 계좌에서 카드나 통장 없이 출금할 수 있습니다. 스마트뱅킹에서 '출금 등록 서비스'를 한 번만 등록해주면 인증번호로 계좌인출을 할 수 있습니다.

• 환전 쉽게 하기

환전할 때도 스마트뱅킹은 굉장히 유용합니다. 실제로 스마트뱅킹으로 환전 예약을 하고 찾으러 오시는 고객이 많습니다. 하루 금액

제한이 있지만, '환전 예약 서비스'를 이용하면 대부분 은행의 경우 환율 우대를 90% 해줍니다. 예약한 다음 날 내가 예약한 지점으로 찾으러 가면 되는데, 만일 그 영업점에 내가 바꾸려는 통화가 없으면 없는 것이 검사되어 다른 지점으로 예약할 수 있습니다. 공항에 있는 지점으로도 찾으러 갈 수 있으니 공항에 가서 환율 우대를 받고 찾는 것도 가능합니다.

6. 스마트뱅킹 정복하기

• 하루에 하나씩 스마트뱅킹 메뉴 살펴보기

그렇다면 과연 내가 원하는 서비스를 어떻게 스마트뱅킹에서 찾을 수 있을까요? 내가 사용하는 주거래 은행의 스마트뱅킹을 자세히 살펴보세요. 조회나 이체 메뉴 말고 '전체 메뉴'가 있습니다. '전체 메뉴'를 보고 어떤 카테고리가 있는지 파악해 봅니다. 전체 메뉴에 있는 카테고리들이 큰 틀이라고 생각하면 됩니다. 그 카테고리 안에서 내가 원하는 정보를 찾을 수 있습니다.

전체 메뉴에 들어가면 계좌관리, 이체/출금, 상품, 공과금, 외환/환전, 인증/보안, 고객지원/부가서비스 등 큰 카테고리로 분류되어 있습니다.

세부 내용들을 확인해 봅니다. 보통 '계좌 관리'로 들어가게 되면 전체 계좌 조회와 계좌 비밀번호 변경이나 해지계좌 조회 등 내 계좌에 대한 전반적인 관리를 할 수 있는 업무들이 있습니다. '계좌 관리'

안에 '출금계좌 관리'로 들어가면 이체 한도 관리나 수수료 면제 횟수 조회 등 입출금에 필요한 서비스를 추가로 신청할 수 있습니다. 또한 카드 명세 조회까지 가능합니다.

'이체/출금' 메뉴에 들어가면 자동이체 관리를 할 수 있고 ATM 현금 출금, 영업점 출금 등 통장이나 카드 없이 인증번호로 찾을 수 있는 서비스를 이용할 수 있습니다.

'상품' 메뉴에는 입출금, 예금, 적금, 대출, 펀드, 외화예금 상품 등 다양한 상품을 스마트뱅킹으로 조회하고 가입할 수 있습니다.

'공과금' 메뉴에서는 각종 지로, 지방세, 국고/관세 등을 낼 수 있고, 그동안 낸 명세도 조회할 수 있습니다.

'외화/환전' 메뉴에서는 환율조회, 외화환전, 해외송금, 외화이체, 외화예금 등 외환업무에 관한 전반적인 업무를 볼 수 있습니다.

'인증/보안'에서는 공인인증서 발급, 공인인증서 갱신 등의 업무가 가능합니다.

'고객지원/부가서비스'에서는 모바일번호표, 사고신고, 부가서비스 등의 이용이 가능합니다.

내가 이용하는 은행의 전체 메뉴를 클릭해서 어떤 카테고리로 분류되어있는지 큰 제목들을 한번 파악해보세요. 은행에서 어떤 업무들이 가능한지 어떤 서비스를 이용할 수 있는지 큰 숲을 볼 수 있습니다. 그리고 카테고리를 하나하나 클릭해서 그 숲에 어떤 나무들이 있는지, 어떤 금융서비스들이 있는지 확인해보세요. 금융상품에 관심이 많다면 상품 메뉴에 들어가면 각종 은행 상품들을 조회하고 가입할 수 있습니다.

처음에는 어렵게 느껴질 수 있습니다. 하지만 주거래 은행을 만들고 그 은행의 스마트뱅킹을 설치해서 이용하면 시너지 효과가 납니다. 혼자 살펴보는 것이 너무 어려울 때는 주거래 은행에 방문해서 스마트뱅킹 이용 방법을 알려달라고 하세요. 설치부터 이용 방법에 대한 설명을 들을 수 있습니다.

❶ 지점마다 다르게 특화되어 있는 서비스

▶ 외국인이 많은 지역

해외송금이나 외화거래, 다양한 나라의 통화를 환전할 수 있음

▶ 구청 근처 지점

공금 업무에 특화되어 있음

▶ 대기업 근처

거래처 회사 직원들에게 주는 혜택이 더 많고, 급여 통장과 세액공제 상품에 포커싱이 맞춰져 있음

▶ 아파트 상가에 있는 지점

예금, 적금, 저축 상품 등의 업무를 주로 처리

▶ 학교에 있는 지점

학생에게 주는 혜택이 더 많음

❷ 스마트뱅킹 활용법

1. 처음 가입 시 스마트뱅킹 다운로드 후 은행을 방문하여 ID, OTP(또는 보안카드) 만들기(인터넷으로는 계좌 조회용으로만 가입 가능)
2. 스마트뱅킹에서 계좌이체 시 필요한 금융인증서나 공동인증서(구 공인인증서) 발급받기
3. 스마트뱅킹에 공동인증서로 로그인하여 내 계좌의 잔액, 최근 거래내역, 가입한 금융상품 확인 및 이체 활용하기('간편 이체 서비스'를 등록하면 보안 카드나 인증서 없이도 이체 가능)

※ '오픈뱅킹서비스'를 이용하면 타 은행 계좌도 조회 및 이체 가능

3장

1천만 원 종잣돈 만들기 # 1

: 나는 어떤 투자성향을 가지고 있는가

나의 성향에 맞는 금융상품 알아보기

우리가 지닌 고유의 유전적 요소들은 함께 묶여서 우리의 특정한 성격을 만들어낸다. 내 안에 깊이 뿌리박혀 있는 선호도에 따라 어떤 행동을 남들보다 더 쉽게 할 수 있는 것이다. 따라서 우리는 자신의 성격에 부합하는 습관들을 세워야 한다."

— 《아주 작은 습관의 힘》, 제임스 클리어

투자자 성향을 분석하고 분석 결과에 따라 상품과 저축 방법을 권유하는 이유는 나의 성격과 성향에 맞는 저축 습관을 기르기 위해서입니다. 아무리 좋은 상품, 투자 방법이라고 해도 내 유전자가 형성한 성격에 맞지 않는다면 유지하기 힘든 일입니다. 자신에게 맞는 저축 방법과 상품을 선택하면 종잣돈 만드는 과정이 쉬워집니다.

상품을 선택하고 저축과 투자 방법을 선택하는 기저에는 내 유전자가 작동합니다. 내가 변화를 싫어하고 신중하며 안정적인 것을 선호하는 성격이라면 정기적금이나 정기예금을 선호할 것입니다. 그렇다면 내가 선호하는 상품을 선택하고 저축하면 됩니다. 주변에 지인들이 주식으로 돈을 많이 벌었다, 펀드 해서 수익이 많이 났다고 해서 그대로 따라 하다가 수익률이 떨어지면 큰 스트레스를 받고 금방 중도에 해지하기 쉽습니다. 남들이 하는 게 좋아 보여서, 누가 이익을 많이 봤다고 해서 따라 하는 것은 위험한 선택입니다.

내 성향을 고려하지 않고 기대 수익률만을 좇거나 단순히 기간과 목적만을 생각하여 상품에 가입하게 되면, 불안함을 느끼게 되고 불만족하게 되기 때문에 자신의 투자 성향에 맞는 상품에 가입하는 것이 중요합니다. 무엇보다 나에게 더 집중하고 나의 성격과 유전자를 살펴보세요. 은행에서 하는 '투자자 성향 분석'은 나의 저축성향을 파악하는 데 분명 큰 도움이 됩니다.

그렇다면 내 투자 성향은 어떻게 알 수 있을까요?
내 투자자 성향은 인터넷뱅킹에서도 쉽게 확인해 볼 수 있습니다.
보통 '뱅킹 → 상품 → 펀드' 메뉴에 들어가 '상품 가입하기'를 누르면 투자자 성향 분석을 먼저 시작합니다.

투자자 성향 분석은 수입원, 투자 경험, 금융상품투자에 대한 지식 수준, 원금에 대해 감수할 수 있는 손실수준, 투자 가능 기간, 파생 상품투자 경험 기간 등을 묻습니다. 이를 전산에 입력하고 나온 점수에 따라 5가지의 투자 성향이 결정됩니다.

  나의 성향을 알고 나를 먼저 아는 것은 모든 일의 시작이 됩니다. 어떤 방향으로 갈지 어떻게 투자할 것인지 정하기 위해서 나에 대해 먼저 알아보세요. 저축과 투자 역시 나의 마음이 편안하고 즐거운 방법으로 시작해보시길 바랍니다.

STYLE 1.
안정형과 안정 추구형

친구가 함께 방문하여 펀드에 가입하는 경우가 종종 있습니다. 주로 펀드에 가입해 이익을 본 고객이 친구에게 소개해 같은 펀드에 가입해달라고 오는 것입니다. 이럴 땐 거의 같은 패턴을 보이는데, 가입 전에 투자자 성향 분석을 했을 때 '안정형 성향'이 나옴에도 불구하고 친구의 이익이 났다는 말에 괜찮다며 자신도 친구와 같은 상품에 가입하겠다고 거듭 요청합니다. 그런데 이상하게도 요청에 따라 가입을 도와드리고 나면 꼭 그때부터 펀드의 수익률이 떨어집니다. 기존에 가입했던 고객은 수익률이 변동하는 스트레스를 견디고 유지하지만, 성향과 상관없이 친구를 따라서 새로 가입한 고객은 금방 겁에 질려 해지한 후, 왜 이 상품에 가입시켰냐며 화를 내십니다. 그러나 결국 일정 시간이 지나면 그 펀드의 수익률은 다시 회복됩니다.

고객과 상담할 때 중요하게 생각하는 것은 투자 기간과 투자 목적이라고 앞서 말씀드렸습니다. 그것과 더불어 중요한 또 한 가지가 바로 투자자의 성향입니다.

위에 소개한 일화에서 한 고객은 수익률이 떨어졌지만 유지하는 반면, 한 고객은 버티지 못하고 바로 해지하게 된 이유는 성향에 따른 저축방식을 선택하지 않아서입니다. 만일 자신이 3~4% 정도의 수익률을 원하더라도, 무조건 원금 보전이 되어야 하고 수익률이 떨어지면 심장이 너무 뛰고 불안해서 잠을 못 자겠다고 한다면 정기예금에 가입하셔야 합니다. 수익률은 기대수익에 못 미치겠지만, 무조건 원금보장 되는 상품에 가입하셔야 마음이 편하기 때문입니다.

무엇보다 재테크는 마음이 편안하고 즐거워야 합니다. 그래야 오래 유지할 수 있습니다. 재테크의 관건은 유지하는 것에 있습니다. 당장 1~2년만 하고 그만둘 것이 아니기 때문에 내가 편안하고 좋아하는 재테크를 해야 합니다. 마음이 불편하고 불안하다면 오래 유지하기 힘들고, 그만큼 종잣돈 모으기가 더 힘들게 느껴지게 됩니다.

안정형과 안정 추구형 성향인 사람에게 어울리는 금융상품

안정형과 안정 추구형 성향의 특징은 예·적금 수준의 수익률을 기대하며, 투자원금에 손실이 발생하는 것을 원치 않는다는 것입니다. 투자원금의 손실 위험은 최소화하고, 이자소득이나 배당소득 수준의 안정적인 투자를 목표로 합니다. 다만, 수익을 위해 단기적인 손실을 수용할 수 있으며, 예·적금보다 높은 수익을 위해 자산 중 일부를 변동성 높은 상품에 투자할 의향이 있는 타입입니다.

안정형 및 안정 추구형 성향의 경우 적금으로 종잣돈 만들기를 추천해 드립니다. 안정형 성향인데 공격적이고 변동성이 높은 상품에 가입해서 수익이 마이너스 나게 되면 큰 스트레스를 받을 수 있습니다. 그 때문에 쉽게 중도 해지할 확률이 높아집니다. 이런 경우에는 대부분 마이너스 난 상태에서 해지하기 때문에 오히려 더 큰 손해가 날 수 있습니다. 재테크는 하는 동안 즐겁고 마음이 편안해야 꾸준히 할 수 있고, 효과적으로 종잣돈을 모을 수 있습니다. 따라서 마음 편안하게 유지할 수 있는 적금을 추천해 드립니다.

다들 아시다시피 적금의 이자율은 높지 않습니다. 하지만 변하지 않습니다. 확실한 이자인 장점이 있습니다. 이자의 수익률보다 적금 납부금액을 한 달에 만 원이라도 더 늘려서 매월 적금 납부금액을 조금씩 늘려보세요. 적금에 매월 10만 원 넣으면 1년 이자를 2.4%로 가정했을 때 13,198원입니다. 매월 1만 원을 더 적금할 경우 12만 원이 더 생깁니다. 이는 매달 90만 원을 넣고 받을 수 있는 이자로 매월 10만 원 넣었을 때 이자보다 약 9배가 많습니다. 결국, 1만 원 더 저축하면 9배 더 높은 이자를 받는 효과를 얻을 수 있는 것입니다.

원래 적금에 넣으려고 했던 금액보다 1만 원만 더 높여 가입해보세요. 불필요한 소비를 줄이고 저축액을 늘리는 것이, 그리고 그것을 습관화하는 것이 가장 큰 재테크입니다.

많은 고객이 안정형 및 안정 추구형 성향을 가지고 있습니다. 특히 은행에 오시는 분들은 안정적인 성향을 많이 가지고 있습니다. 그래서 은행에 오시는 분 중 입출금 통장만 있으신 분들께는 일단 적금을 많이 권유해드립니다. 이자는 많지 않지만, 원금이 보장되고 중도에 해지해도 손해가 없는 장점이 있습니다. 또한, 언제든지 찾을 수 있으며 만기까지 유지하게 되면 종잣돈이 모입니다. 내가 안정형 및 안정 추구형의 유형을 가졌다면 적금을 안 할 이유가 없습니다.

처음에는 VIP 고객에게 "10만 원만 1년 적금해보세요."라고 권유했더니 웃으시면서 "그거 들어서 뭐 하게." 하고 대답하셨습니다. 제가 만기 때 여행이라도 가시라고 말씀드리니 좋은 생각이라며 가입하시고는 만기 때 재가입 하셨습니다. 만기에 해지하고 보니 돈 모으는 재미를 느끼신 겁니다. 그리고 적금을 해지한 돈이어서 그런지 쓸 때도 의미 있게 쓰게 된다고 하셨습니다.

저축은 막 회사에 입사한 사회초년생, 외국인 근로자, VIP, 주부 고객 등 누구나 가입할 수 있는 상품입니다. 높은 투자수익률보다는 조금씩 매월 저축액을 늘려서 안정적으로 목돈 마련하는 것을 추천합니다. 매월 꾸준히 저축하며 여러분도 돈 모으는 재미를 느껴보시길 바랍니다. 그리고 만기 때 그 돈을 어떻게 사용할지 생각해보는 즐거운 시간도 가지시길 바랍니다.

안정형 성향의 고객님들이 가입 후 만족했던 상품은 정기예금, 정기적금, 자유적금, 청약 저축, ISA 예금, MMF, 달러 예금 등이 있습니다. 금리가 고정되어 있고 적지만 확실한 이자가 보장되는 상품을 선호합니다. 목돈일 경우 정기예금 가입 시 0.1% 차이도 이자에 차이가 나기 때문에 특판예금이 있을 때 가입하거나 금리 우대 조건이 맞아 금리 우대를 받을 수 있을 때 가입하는 것이 좋습니다. 1억 원 예금에 가입할 경우 0.1%의 차이는 10만 원의 차이가 나기 때문에 정기예금의 경우 가능하면 최대한 금리 우대 혜택을 받는 것이 좋습니다.

상품의 특성에 대해 잘 알고 있으면 좀 더 응용해서 상품을 활용할 수도 있습니다.

'청약 저축 상품'의 경우 주택청약의 목적으로 가입하기도 하지만, 집이 있는 분들도 일부러 청약 저축에 가입하기도 합니다. 가입 후 1개월만 지나고 해지해도 연 1%의 금리(변동금리)가 적용되기 때문입니다. 정기예금이나 적금의 경우 기간을 채우지 못하면 중도해지가 되어 거의 이자가 없는 반면, 청약 저축은 기간을 정하지 않기 때문에 해지하는 시점의 기간에 따라 금리가 적용됩니다. 중도해지가 아니어서 해지에 따른 부담이 덜하게 됩니다.

그리고 'MMF'는 국공채에 투자하는 펀드로 국채, 은행채, 통화안정증권 등에 투자하는 상품을 말합니다. 펀드이기 때문에 원금이 보장되지는 않습니다. 고정된 이율은 아니지만, 상대적으로 안전한 국채나 공사채에 투자되기 때문에 변동성이 크지 않은 장점이 있습니다. 안전한 대신 이율은 정기예금 수준입니다. 그렇지만 상대적으로 안정적이면서 유동성이 있습니다. 만기가 정해져 있지 않으면서 수시로 입출금도 할 수 있습니다. 입금하면 다음 날 예약매수를 하게 되고 출금은 신청하면 즉시 출금이 가능합니다. 금액을 전부 해지하지 않고 일부만 인출, 입금이 가능해서 정기예금보다 유동적이기 때문에 많은 고객이 선호합니다.

STYLE 2.
위험 중립형

위험 중립형 대부분은 정기예금보다 플러스알파의 수익을 원합니다. 원금보장이 되진 않지만 비교적 안정적으로 운용되면서 연 3~4% 수익이 나길 원합니다. 투자에는 그에 상응하는 투자위험이 있음을 충분히 인식하고 있습니다. 예 · 적금보다 높은 수익을 기대할 수 있다면 일정 수준의 손실 위험을 감수할 수 있습니다.

이런 유형은 과연 어떤 상품에 가입해야 할까요?

적금 수익률보다 높은 수익을 원하고, 일정 수준의 변동성을 감수할 수 있다면, '채권형 펀드'가 적합합니다. 채권은 '자본수익+이자수익'으로 구성되어 있습니다. 금리와 신용 변동에 따라 자본수익은 변동되지만, 채권 특성상 꾸준한 이자를 받을 수 있어 자본수익이 낮아져도 이자수익으로 상쇄되어, 주식보다는 상대적으로 큰 변동성 없이 안정적인 이익을 얻을 수 있습니다.

"언제 자금을 쓸지는 모르는 데 필요하면 돈을 쓸 수도 있어서요. 그러다 보니 입출금 통장에 계속 있었네요."

이렇게 말씀하시면서 1년 동안 입출금통장에 천만 원 이상을 그냥 두시는 분들도 있습니다. 특별한 자금계획은 없는데 정기예금처럼 자금을 묶어두기는 부담스러운 고객에게도 채권형 펀드가 적합합니다. 펀드의 큰 장점 중 하나는 만기가 없기 때문에 내가 원할 때 언제든 입금할 수 있고 원할 때 언제든 해지할 수 있다는 점입니다. 그리고 일부만 추가로 입금, 출금도 가능합니다. 예를 들면 채권형 펀드에 500만 원이 가입되어있는데, 해지하기는 싫고 일부 수익을 실현하고 싶다면 100만 원만 출금할 수 있는 것입니다.

입출금 통장에 자금이 100만 원 이상 있다면 채권형 펀드를 활용해보세요. 언제든 찾을 수 있고, 해지하지 않고 그대로 두면 이자가 쌓이는 이점이 있습니다.

꾸준한 이자소득의 장점, 채권

먼저 채권이란 정부, 공공단체와 주식회사가 투자자로부터 자금을 장기간 조달하기 위하여 발행하는 유가증권입니다. 돈을 빌려 쓰는 대가로 일정 금액의 이자를 주는 것을 증명하는 차용증서라고 할 수 있습니다.

채권의 종류로는 국가에서 발행한 국채와 특별시, 도, 군 등 지방자치단체가 발행한 '지방채', 각종 공사 및 공기업, 금융기관이 발행한 '특수채', 주식회사가 발행한 '회사채'로 나뉩니다.

채권의 수익은 크게 두 가지로 나누어볼 수 있습니다. '이자소득'과 '자본소득'입니다. 이자소득은 발행일 이후 만기 때까지 일정한 정해진 이자를 지속해서 지급하기 때문에 발생하는 소득입니다. 자본소득은 채권의 가격변동으로 채권의 매입가격보다 매도가격이 높을 때 발생하는 수익입니다. 자본변동에서 채권가격은 금리 방향에 의해 결정됩니다. 채권금리가 상승하면 채권가격이 하락하고, 채권금리가 하락하면 채권가격이 상승합니다. 따라서 이자수익이 있어도 마이너스 수익률이 나올 수 있기 때문에 채권투자자는 금리의 방향성에 민감합니다.

하지만 금리가 내려갈지 오를지를 그때그때 판단해서 매수, 매도하기는 쉽지 않습니다. 그 때문에 우리는 금리의 방향에 따라 채권을 사고팔며 이익을 얻을 것이 아니라, 채권 펀드의 꾸준한 이자소득에 주목해야 합니다. 채권은 가격이 내려가도 꾸준히 이자가 지급되기 때문에 채권가격의 하락을 상쇄시킬 수 있습니다. 꾸준히 채권 펀드에 투자한다면 이자가 차곡차곡 쌓여 이익을 얻을 수 있습니다. 채권가격 변동에 흔들리지 않고 꾸준한 이자소득에 집중할 수 있습니다. 변동성이 적고 이익을 얻을 수 있는 채권 펀드는 위험 중립형 성향의 고객에게 적합한 상품입니다.

위험 중립형 성향이라면 적금과 채권형 펀드, 배당 펀드를 같이 시작해보세요. 채권형 펀드와 배당펀드가 처음이라면 은행에 가서 상담을 받아보는 것을 추천합니다. 펀드는 10만 원부터 가입 가능하니 10만 원으로 시작해서 금액을 조절해 나가면 됩니다.

위험 중립형 성향에 어울리는 채권형 펀드

채권형 펀드도 다양한 상품이 있습니다. 상품에 따라 수익률과 변동성이 다르고, 어느 나라 채권에 투자하느냐에 따라 국내채권형, 미국이나 선진국채권, 신흥국 채권, 글로벌 채권으로 종류가 나뉩니다.

일단 처음에는 국공채에 투자하는 펀드나, 우량기업과 국공채 그중에서도 미국이나 국내 채권, 글로벌 우량 채권 펀드를 선택하는 것이 좋습니다. 비록 원금보장형 상품은 아니지만, 상대적으로 주식형 펀드보다 변동성이 적고, 수익률이 정기 예금 수준으로 크게 높진 않지만, 입출금 통장에 두는 것보다는 이자가 높은 이점이 있습니다.

성장과 배당 두 마리 토끼, 배당펀드

채권형 펀드 이외에도 고배당 주식에 투자하는 펀드가 있습니다. 주식형 펀드이지만 지속해서 고배당을 하는 주식에 투자하는 펀드입니다. 배당형 펀드는 주로 펀드 위험등급 3~4등급으로 다소 높은 위험 혹은 보통 위험으로 분류되는 일반 주식형 펀드보다 상대적으로 변동성이 적은 이점이 있습니다.

많은 사람이 수익형 부동산을 선호합니다. 그 이유 중 하나는 바로 '월세'가 나오기 때문입니다. 상가나 오피스텔 등에 투자하여 평생 연금처럼 월세 받는 것을 선호합니다. 배당이란 기업이 주는 월세라고 볼 수 있습니다. 내가 어느 회사의 주식을 가지고 있을 때 그 기업이 이익이 나면 주주들에게 배당금을 줍니다. 주식 중에는 소위 말하는 '고배당 주'와 '배당 성장주'가 있습니다. 고배당 주는 지속해서 고배당 성향을 유지하는 종목들이고, 배당 성장주는 10년 이상 배당금을 인상해온 기업들을 의미합니다. 배당을 꾸준히 주려면 회사의 사업이 잘 영위되어야 하므로 우량주라고 할 수 있습니다. 우량한 기업에 투자하고 기업이 주는 배당금까지 받을 수 있으니 그야말로 기업이 주는 월세를 받는 셈입니다. 미국의 우량한 고배당 주식의 한 주 가격이 싸지 않은데 고배당 펀드의 장점은 소액으로 우량한 기업들에 투자할 수 있다는 것입니다. 기업에서 주는 배당금은 다시 재투자되어 펀드의 수익을 더욱 높일 수 있고 복리효과를 얻을 수 있습니다.

배당펀드의 또 다른 장점은 주식의 상승, 하락 여부와 관계없이 배당주들은 정기적으로 배당금을 준다는 것입니다. 아무리 시장이 안 좋아도 배당을 받아 다시 펀드에 재투자 됩니다. 따라서 일반 주식보다 주식시장 하락 시, 덜 하락하는 특성을 보입니다.

배당펀드는 국내 배당펀드보다 글로벌 배당펀드로 가입하는 것도 좋은 방법입니다. 한국 주식의 경우 대부분 12월에 배당이 결정되고, 1년에 한 번 배당을 받는 경우가 많습니다. 하지만 해외 기업들의 경우는 분기 혹은 반기로 배당을 하고 배당 시점도 다양합니다. 기업마다 3, 6, 9월에 배당하는 기업이 있고 2, 5, 8월에 배당하는 기업이 있습니다. 또한 배당률도 국내는 해외보다 배당률이 높지 않은 편입니다. 그 때문에 글로벌 우량 기업에 투자하는 글로벌 배당펀드에 가입한다면 보다 세계적인 기업들에 투자할 수 있게 됩니다. 고배당 기업은 대표적으로 미국 존슨앤드존슨, P&G 등이 있고 스타벅스도 최근 배당률을 높이고 있습니다. 펀드로 투자하게 되면 이런 우량 기업에 분산 투자할 수 있는 장점이 있습니다.

워런 버핏은 주식투자 세부 원칙으로 "주가 예측을 믿지 마라, 주주가치의 극대화에 노력하는 기업에 투자하라."라고 했습니다. 즉 주가는 전문가도 예측하기 힘드니 시장을 보지 말고 기업을 보고 투자하라는 뜻입니다. 또한 주주의 관점에서 경영하는 기업에 투자하라고 합니다. 배당은 기업이 주주에게 하는 약속이고 이를 성실히 지킨다는 것은 그만큼 회사에 자신이 있고 약속을 지키는 기업이라는 뜻이기도 합니다. 위험 중립형 투자자라면 기업의 가치에 투자하는 배당펀드에 관심을 가지고 꾸준히 투자하는 것도 좋은 방법입니다.

STYLE 3.
적극 투자형 및 공격 투자형

"수익률 높은 펀드 추천해주세요."

"베트남 펀드 가입하고 싶어요."

"펀드 가입하려고 하는데 어떤 펀드에 가입하면 좋을까요?"

따로 먼저 설명해 드리기 전에 자발적으로 펀드에 가입하기를 원하는 고객은 적극 투자형 및 공격 투자형 성향인 경우가 많습니다.

적극 투자형은 투자원금의 보존보다는 위험을 감내하더라도 높은 수준의 투자수익 실현을 추구합니다. 투자자금의 상당 부분을 주식, 주식형 펀드 또는 파생상품 등 위험자산에 투자할 의향이 있습니다.

공격 투자형은 시장 평균 수익률을 훨씬 넘어서는 높은 수준의 투자수익을 추구하며, 이를 위해 자산가치의 변동에 따른 손실 위험을 적극 수용, 투자자금 대부분을 주식, 주식형 펀드 또는 파생상품 등 위험자산에 투자할 의향이 있는 유형입니다.

높은 수익률의 비결, 장기 적립식 펀드

주식형 펀드의 경우 다른 상품들보다 변동성이 큽니다. 하지만 적립식으로 가입하면 한 번에 가입하는 것보다 변동성을 줄일 수 있습니다. 매월 적금처럼 입금하게 되면 평가금액에 분산되어 입금되기 때문에 위험을 줄일 수 있게 됩니다.

펀드 상담을 할 때는 펀드 수익률을 조회하게 되는데 두 자릿수, 세 자릿수의 높은 수익률 계좌를 보유한 고객 대부분은 펀드에 적립식으로 장기 보유하고 있었습니다. 은행은 안전하고 이자가 적다는 편견과 달리 펀드 상품을 잘 선정해서 적립식으로 입금하면 높은 수익률 계좌도 보유할 수 있습니다. 단, 내가 위험을 감수할 수 있는 성향이어야 합니다.

펀드에 관심이 많은 고객은 "지금 중국 들어가도 괜찮나요?", "지금 베트남펀드 가입해도 괜찮나요?" 하고 물어보십니다. 특정 국가의 펀드면 경기 흐름이 좋다가도 정치적 상황이나 예상치 못한 변수들 때문에 단기적으로 수익률이 급락할 수 있습니다. 특히 신흥국들의 경우 높은 수익률을 기록했다가 무섭게 수익률이 빠지고를 반복합니다. 성장 가능성이 있는 신흥국들의 경우 장기적으로는 유망하지만, 단기적으로 접근하거나 한꺼번에 자금이 들어갔을 때 수익률이 급락하게 되면 침착해지기 쉽지 않습니다.

아무리 공격 투자형 성향을 가지고 있어도 목돈으로 가입한 펀드의 수익률이 급락하면 불안하기 마련입니다. 우상향하는 그래프라도 그 중간중간 굴곡이 많습니다. 그 때문에 장기 적립식으로 펀드를 가입해야 굴곡을 견딜 수 있습니다. 꾸준히 적금식으로 입금하다 보면 이런 굴곡에 흔들리지 않고 그래프 위를 탈 수 있습니다. 사실 펀드로 손실이 난 계좌는 보통 한 번에 예치한 고객이 많았습니다.

반면 50~60%, 110% 수익률을 보유한 펀드 계좌들이 종종 있습니다. 이 계좌들은 공통으로 주식형 펀드였고 5년 이상 투자된 펀드들이었습니다. 국내 주식형 혹은 미국, 글로벌 펀드들이었고 대형주나 우량주를 담는 펀드들이었습니다. '우량주식, 기업에 장기간 분산 투자한다'라는 주식 격언이 증명되고 있는 것입니다.

하지만 실제로 실천하는 사람은 많지 않습니다. 목돈을 한꺼번에 투자해 단기간에 이익을 보려고 하고 조금이라도 손실이 나면 크게 불안해하며 시장에 일희일비하고 주식으로 단기간에 큰돈을 벌고자 하는 사람들이 많습니다. 즉 기업과 성장을 같이하며 투자하는 것이 아닌 주식으로 투기를 하는 것입니다. 지금까지 봐온 바로는 이미 우리가 알고 있는 '장기간 우량회사에 분산 투자한다'라는 원칙을 지키고 꾸준히 실천하는 사람들의 계좌가 실제로도 높은 수익률을 기록한 사례들이 많습니다. 이것을 실천하고 꾸준히 하는 사람들은 결국 부자가 됩니다.

답은 꾸준한 투자

"꾸준한 사람이 너무너무 대단해 보여요."

'어떤 사람이 되고 싶냐'라는 질문에 나영석 PD가 한 대답입니다. 옛날에는 대단한 사람이 대단해 보였지만 지금은 오랫동안 꾸준한 사람이 너무 대단해 보인다고 말합니다.

저 또한 은행에서 많은 사람을 만나고 많은 부자를 만납니다. 여러 부자가 있지만, 그중에서도 저는 꾸준한 삶을 사는 부자들이 정말 대단하고 멋지다고 생각합니다. 그리고 닮고 싶습니다.

꾸준히 자기 사업을 하고 한길을 걸어서 사업을 확장하고 성공시킨 부자, 회사에 장기간 다니며 매월 저축해서 자산을 이룬 부자, 오랫동안 부동산에 투자해서 자산을 형성 한 부자 등 이들의 공통점은 자신이 추구하는 가치관을 믿고 자신의 길을 묵묵히 걸어갔다는 것입니다. 이런 모습을 봐오니 저 역시 시간이 지나면서 꾸준한 사람이 대단한 사람이라고 느껴집니다.

한때 저도 펀드와 투자 때문에 괴로웠습니다. 시황에 따라 펀드 권유를 드렸는데 펀드의 수익률이 많이 떨어질 때, 차라리 내 돈이었으면 마음이 편할 텐데 고객에게 손해를 입혔다는 생각에 밤잠을 설치고 마음이 아주 괴로웠습니다. 어떻게 하면 고객에게 이익을 많이 안겨드리는 투자를 권해드릴 수 있을까 많이 고민했습니다.

많은 고객의 수익률과 펀드 계좌를 본 결과, 답은 꾸준한 투자였습니다. 한 번에 종잣돈을 펀드에 가입하는 방식이 아닌 매월 조금씩이라도 펀드에 적립식으로 가입한 결과, 수익률이 높았고 변동성도 적었습니다. 고객도 적립식 펀드의 변동성은 거의 감수할 수 있어 했고, 수익률도 만족하였습니다. 꾸준히 지속한 펀드의 경우 수익률이 안정적이었고 높았습니다. 단기간에 수익을 안겨드리려고 했던 저의 생각을 반성했고, 꾸준한 투자를 지향하게 되었습니다.

오랫동안 흔들리지 않고 꾸준하게 무엇인가를 하는 모든 사람이 대단하고 멋집니다. 저축과 투자에서도 꾸준함을 가지고 해보면 어떨까요.

공격 투자형은 적금만으로는 종잣돈 모으기에 부족함을 느끼고 장기 투자로 높은 수익률을 추구합니다. 펀드에 관심이 많고 공부하고 싶다면 적금과 동시에 주식형 펀드에 가입하길 추천해 드립니다. 단, 말씀드린 대로 적립식으로 납입하길 추천해 드립니다.

은행에 가서 펀드에 대해 궁금하다고 이야기하고 주식형 펀드를 추천받아보세요. 내가 관심 있는 국가, 관심 있는 분야, 아니면 은행에서 추천하는 펀드들에 대해 상담받고 설명을 들어보세요. 펀드에 대해 궁금하다고 하면 직원이 자세히 상담해 줄 것입니다. 그리고 관심 있는 펀드들의 상품 설명서와 투자 설명서를 보고 비교해보세요. 어떤 자산에 투자되고 있는지, 펀드 규모가 얼마나 되는지, 언제 설정된 펀드인지, 수익률은 과거 몇 년 동안 어땠는지 살펴보세요. 10만 원으로 가입해보고 수익률과 변동성을 보고 자동이체를 걸어 시작해보세요.

10만 원으로 시작한 나의 자산이 우량기업들과 함께 성장할 것입니다.

내가 만드는 투자노트

"30대 시절의 나는 가진 것 하나 없는 사람이었다. 학력도 짧았고 안정적인 일자리가 있는 것도 아니었다. 그럼에도 나는 나무를 돌보는 일을 포기하지 않았다. (중략) 그런데 신기하게도 버티는 시간들이 차곡차곡 쌓이자 어느 순간 나를 찾는 사람이 많아졌다. 나무를 함부로 대해서는 안 된다는 내 생각에 지지를 보내는 사람들도 생겼다. 덕분에 나는 내가 하는 일이 더 나은 세상을 만드는 데 미약하게나마 도움이 되고 있다는 생각과 함께 일하는 보람을 느끼게 되었다."

《나는 나무에게서 인생을 배웠다》의 저자 우종영 작가는 30년 경력의 나무 의사입니다. 나무를 좋아해 원예 농사를 시작했지만, 사업이 망해 경제적으로 힘들어서 포기하고 싶었던 적이 있었다고 합니다. 하지만 나무를 사랑하고 돌보고 살려내는 일을 무엇보다 사랑하고 그로 인해 충만한 삶을 살고 있음이 책에서 느껴졌습니다. 그런 인생이 멋져 보였고 닮고 싶은 삶이었습니다.

나다운 삶을 위한 재테크

남들이 말하는 성공한 삶이 아닌 나다운 삶을 사는 인생이 충만하고 행복해 보입니다. 남들이 말하는 성공을 바라면 내가 가진 것보다는 가지고 싶은 게 많이 보입니다. 좋은 차, 좋은 집, 많은 돈 등을 바라며 난 왜 없을까 한탄하게 되고 불행해집니다. 반면 나다운 삶을 살고자 하면 내가 가진 것들이 많이 보입니다. 내가 사는 집, 내가 타고 있는 차, 내 가족 등 하나도 감사하지 않은 게 없습니다.

돈을 모으고 재산을 불리는 것 역시 성공을 위해 더 올라가기 위해서가 아닌 나다운 삶을 살기 위해 하는 것임을 인식해보면 어떨까요? 나다운 삶을 살기 위해 저축하고 나에게 투자하기 위해 종잣돈을 모으셨으면 좋겠습니다. 많은 부를 쌓아 물질의 풍요로움을 누리기 위한 종잣돈 마련이 아닌 나다운 삶을 살기 위해 든든한 버팀목이 되어주는 재테크를 지향합니다.

그렇게 하기 위해서는 나만의 투자노트와 포트폴리오를 가지는 것이 좋습니다. 재테크를 공부하고, 나만의 투자를 기록하고, 포트폴리오를 만든다면 나의 자산을 관리하고 꾸준한 저축과 투자를 할 수 있습니다.

나만의 투자노트와 포트폴리오 만들기

앞서 말했듯 저는 직접 관리하는 VIP 고객의 포트폴리오를 만듭니다. 내 자산을 각각의 다른 성격의 상품군으로 나누어 투자하고 포트폴리오로 관리하는 것은 매우 중요합니다.

"만약 당신이 주식시장이 하락할 때 걱정이 되고, 상승할 때 행복하다면 포트폴리오의 균형이 맞지 않는 것이다."

세계 최대 헤지펀드 회사의 회장 레이 달리오는 자신의 SNS를 통해 이렇게 말하며, 투자에 있어 중요한 것은 타이밍을 잘 맞춰서 사고파는 것을 잘하는 것이 아닌, 잘 분산되고 균형 잡힌 포트폴리오를 짜는 것이라고 말했습니다.

처음 시작할 때에는 포트폴리오를 만든다는 게 조금 어렵게 느껴질 수 있을 텐데, 이럴 땐 먼저 '투자노트'를 만들어 보는 것이 좋습니다.

그렇다면 투자노트는 어떻게 만들면 될까요?

내 성향에 맞는 상품 중에 어떤 것들이 있는지 인터넷으로 검색해보세요. 주거래 은행의 스마트뱅킹을 이용하면 쉽게 찾을 수 있습니다. 예를 들면 위험 중립형 성향일 경우 채권형 펀드가 어떤 것들이 있는지 살펴봅니다. 그중 관심 펀드 2~3개를 선정하고 그 펀드의 규모, 수익률 등을 기록해보세요. 매번 수익률을 점검하는 게 힘이 든다면 은행에서 정기적으로 제공하는 수익률 문자 알림서비스를 신청하는 것도 방법이 될 수 있습니다.

 이렇게 10만 원씩 가입해서 수익률을 기록하고 투자노트를 만들어 보세요. 상품들의 특성과 이율, 수익률을 알게 됩니다. 그리고 기록해둔 내용을 비교해보면 내 성향에 더 적합하고 이율이 높은 상품을 찾을 수 있게 되기 때문에 보다 효과적으로 돈을 모을 수 있습니다. 그리고 기록하면서 더 알게 됨으로써 재테크의 재미도 느낄 수 있습니다.

 제 성향은 공격 투자형이지만 모든 상품군을 다 주식형 펀드에 투자하진 않습니다. 자산을 예금, 펀드, 달러, 금 등에 분산하여 포트폴리오를 구성하고 있습니다. 갑자기 주가가 폭락하거나 급등해도 불안하거나 들뜨지 않습니다. 흔들리지 않고 꾸준히 투자하는 방식이기 때문입니다. 달러와 금은 정기적으로 자동이체하진 않고 가격이 내려갈 때 조금씩 사고 있습니다. 그 외 펀드는 꾸준히 적립식으로 자동이체 되고 있습니다. 주식형 펀드의 경우 두 자릿수 수익률을 유지하고 있고 채권형 펀드는 예금보다 높은 수익률을 유지하고 있습니다.

 포트폴리오를 구성할 때는 먼저 목적과 기간에 따라 상품을 정합니다. 2~3년 뒤 꼭 필요한 자금, 전세금이나 내 집 마련 자금이면 정기예금에 가입합니다. 꾸준히 입금해서 자산을 증대하는 목적으로는 채권형 펀드와 주식형 펀드로 나누어 투자하고 있습니다. 그 외 월급 중 안정적으로 원금을 잃지 않고 모아야 하는 종잣돈은 4가지로 나누었는데 적금과 안전한 채권형 펀드에 넣었고 세액공제를 받기 위한 연금펀드, 그리고 높은 수익률을 얻고 싶은 주식형 펀드로 나누어 가입했습니다. 그리고 비정기적으로 달러와 금을 사고 있습니다. 달러와 금은 경제 위기를 대비한 안전자산이라고 생각합니다.

비중은 나의 성향에 따라 달리 조정하면 됩니다. 저는 펀드의 경우 일단 관심 있는 지역과 규모, 과거 수익률을 보고 결정했고 처음 10만 원으로 여러 개 가입해본 뒤 수익률이 높지 않거나 변동성이 큰 펀드의 경우 환매하고 수익률이 높고 꾸준히 수익이 나는 펀드에 자동이체를 걸었습니다. 그 결과 펀드들이 꾸준히 수익이 나고 있습니다.

앞서 말씀드린 나의 성향 분석에서 저는 공격형 투자가 나왔지만, 성향에 맞는 상품만을 투자하라는 의미는 아닙니다. 공격형 투자자는 주식형 펀드에 투자할 수 있고 그 외 상품군에 모두 투자가 가능합니다.

하지만 최근 금융소비자 법 시행으로 투자자 성향이 안정형으로 나오면 높은 위험등급의 투자 상품은 가입할 수 없습니다. 따라서 주식형 펀드에 가입할 생각이라면 투자자 성향 분석을 진행할 때 안정형 성향이 나오면 가입 자체가 안 되므로 이를 고려하여 설문지를 체크해야 합니다.

그리고 포트폴리오는 한번 정해지면 계속해야 하는 것은 아닙니다. 조금씩 바꿀 수 있습니다. 나의 상황에 따라 그리고 수익을 실현하고 싶을 때 수익을 실현하고 다시 가입하는 등의 포트폴리오 변경을 해줄 수 있습니다.

포트폴리오 구성 TIP

:: 포트폴리오 노트 1. 공격 투자형 성향, 3년에 1억 만들기 ::

이름	A펀드 (펀드이름)	B펀드	C펀드
상품종류	미국주식형 펀드	글로벌주식형 펀드	해외채권형펀드
가입 기간	3년	3년	3년
기대 수익률	연평균 15% (총45%)	연평균 8% (총24%)	연평균 5% (총15%)
가입금액	매월 100만 원	매월 70만 원	매월 40만 원
총 원금	36,000,000원	25,200,000원	14,400,000원
기대 이자	16,200,000원	6,048,000원	2,160,000원
합계(원금+이자) 세전	52,200,000원	31,248,000원	16,560,000원

※ 약식으로 예상 수익률을 계산하였기 때문에 실제 계좌의 평가금액과는 다소 차이가 있을 수 있습니다.

▶ 매월 210만 원 저축, 총 납부금액 75,600,000원, 총 예상수익(세전) 24,408,000원

연평균 15%, 8% 수익을 내는 것이 가능한 것인지 의문을 가질 수 있습니다. 물론 펀드는 확실히 수익률을 보장할 수 없습니다. 하지만 최근 3년 동안 가입률이 높은 미국, 해외펀드의 수익률은 62.89%, 78.10%입니다. (2017.10.20.~2020.11.20 기준) 물론 모든 펀드가 이렇게 높은 수익률은 기록한 것은 아닙니다. 꾸준히 수익률을 내는 좋은 펀드를 고르는 법은 이후 펀드 상품 편에서 자세히 설명하겠습니다.

:: 포트폴리오 노트 2. 위험 중립형 성향, 3년에 2천만 원 만들기 ::

이름	A펀드 (펀드이름)	B펀드	C펀드
상품종류	배당형 펀드	해외채권형 펀드	적금
가입 기간	3년	3년	3년
기대 수익률	연평균 4% (총 12%)	연평균 3% (총 9%)	연 2.5%
가입금액	매월 20만 원	매월 20만 원	매월 15만 원
총 원금	7,200,000원	7,200,000원	5,400,000원
기대 이자	864,000원	648,000원	213,270원
합계(원금+이자) 세전	8,064,000원	7,848,000원	5,608,125원

※ 약식으로 예상 수익률을 계산하였기 때문에 실제 계좌의 평가금액과는 다소 차이가 있을 수 있습니다.

▶매월 55만 원 저축, 총 납부금액 19,800,000원, 총 예상수익(세전) 1,725,720원

매월 100~200만 원 저축하는 게 부담스럽고, 공격적인 펀드가 불안해서 꾸준히 안정적인 상품을 선호한다면 배당형 펀드와 채권형 펀드, 그리고 적금에 가입하여 변동성이 적은 포트폴리오로 구성할 수 있습니다. 매월 55만 원씩 3년 동안 저축해서 나만의 여유자금을 만들어 보세요. 저축의 기간과 목표, 금액을 정하고 이에 맞게 상품을 선정한다면 꾸준한 투자를 할 수 있습니다.

포트폴리오를 만드는 것은 금융자산이 많은 사람만 하는 것이 아닌 모두가 할 수 있습니다. 오히려 자산이 많은 사람보다 자산을 모으려고 하는 사람에게 필요합니다. 그래야 흔들리지 않고 효과적으로 꾸준한 종잣돈 모으기가 가능하기 때문입니다.

즉 내 저축의 목적, 기간, 내가 추구하는 수익률에 따라 포트폴리오를 구성하면 됩니다. 그리고 내가 가입한 상품을 기록하면서 투자노트를 만들면 훌륭한 포트폴리오를 구성할 수 있습니다.

핵심 TIP

❶ 나만의 투자노트 만들기

1. 내 성향에 맞는 상품 중에 어떤 것들이 있는지 인터넷으로 검색해 보기
2. 위험 중립형 성향일 경우 채권형 펀드가 어떤 것들이 있는지 살펴보기
3. 그중 관심 펀드 2~3개를 선정하여 10만 원으로 가입하기
4. 그 펀드의 규모, 수익률 등을 기록하기
(은행에서 정기적으로 제공하는 수익률 문자 알림 서비스를 신청하는 것도 좋은 방법)

❷ 포트폴리오 구성 방법

1. 먼저 목적과 기간에 따라 상품 정하기
   - 정기 예금: 2~3년 뒤 꼭 필요한 자금, 전세금이나 내 집 마련 자금 등
   - 채권형 펀드, 주식형 펀드: 자산 증대 목적 자금, 종잣돈
   - 연금펀드: 세액공제 목적 종잣돈
   - 금, 달러: 경제 위기 대비 안전 자산

2. 투자노트를 바탕으로 수익률이 높지 않거나 변동성이 큰 상품은 환매하고, 수익률이 높고 꾸준히 수익이 나는 펀드에 적립식 투자를 위한 자동이체 걸기

4장

저축은 현재를 위한 것

저축은 나를 알아가는 과정

내가 진짜 원하는 것은?

여러분은 자신에 대해 얼마나 알고 있나요? 진짜 원하는 게 무엇인지 알고 있나요? 진짜 원하는 삶이 무엇인지 자주 생각하시나요? 그리고 그 삶을 위해 무엇을 하고 있나요?

> "개인적인 삶에서는 무엇보다도 '안다는 것'이 중요하다. 자신의 몸과 마음을 알고, 가족과 친구를 알고, 자신이 실질적으로 무엇을 필요로 하는지 알아야 한다. '삶을 즐기고 싶다면' 이 중 하나도 놓쳐선 안 된다." —《원씽》, 게리켈러

정말 원하는 것이 무엇인지 알면 그것에 집중하고 내가 원하는 삶에 가까워집니다. 우리는 사회생활을 하며 많은 사회적 역할이 부여됩니다. 한 가정의 자녀로, 한 가정의 부모로, 한 가정의 배우자로, 회사의 일원으로, 학생으로, 단체의 일원으로 많은 이름을 가지게

됩니다. 해야 할 일은 많고 모든 일을 완벽히 처리하기는 어렵습니다. 그렇다면 많은 역할 속에 어떻게 삶의 균형을 이루어야 할까요?

내가 원하는 삶이 무엇인지 생각하고 가장 중요한 것에 집중해야 합니다. 버리고, 선택하고, 집중하는 것입니다. 내가 원하는 삶, 나다운 삶을 위해선 무엇보다 나에 대해 생각하는 시간이 필요합니다.

내가 원하는 것에 집중하기

"우리에게 주어진 시간과 에너지는 한정되어 있다. 그것을 너무 넓게 펼치려 애쓰다 보면 노력은 종잇장처럼 얇아진다. 사람들은 일의 양에 따라 성과가 점점 쌓이기를 바라는데, 그렇게 하려면 '더하기'가 아닌 '빼기'가 필요하다." —《원씽》, 게리켈러

우리는 내가 원하는 삶을 위해 더하기를 많이 하고 더 많이 가지려고 하지만 사실은 더하기보다 빼기가 더 필요하다고 합니다. 너무 많은 더하기 때문에 쉽게 지치고 의욕을 잃고 있진 않으신가요? 내 삶에 뺄 것은 무엇이 있는지 한번 생각해볼 필요가 있습니다. 내 삶에 좀 더 뺄 수 있는 것은 무엇인지 생각하다 보면 나의 진짜 모습에 가까워질 수 있습니다.

내 삶에 빼기를 하면 덜 중요한 일들을 줄이고 내가 진짜 하고 싶은 일에 집중할 수 있습니다. 그러다 보면 저절로 빼기가 되기도 합니

다. 저 역시 많은 이름을 가지고 있습니다. 두 아이의 엄마, 배우자의 아내, 시부모님의 며느리, 부모님의 딸, 은행원, 여러 가지 역할을 가지고 있습니다. 내 역할들이 충돌할 때면 매우 스트레스를 받기도 했습니다. 스트레스를 받은 이유를 생각하니 모든 역할을 완벽하게 다 잘하고 싶었기 때문입니다. 그럴수록 에너지는 방전되었고 한 가지 역할도 제대로 못 하는 느낌이었습니다. 그래서 내가 원하는 삶이 무엇인지 생각하고 더 중요한 것에 집중했습니다.

저는 은행원으로서 맡은 역할을 충실히 수행하지만, 가족과 내 삶이 더 중요하다고 느껴졌습니다. 그래서 근무시간에는 일에 최선을 다하고 근무시간이 끝나면 최대한 집에 일찍 가고 가족과 내 시간에 집중하려고 했습니다. 나만의 시간도 중요하고 아이들도 중요한데 이 또한 균형 잡기가 처음에는 어려웠습니다.

많이 고민할 결과 저는 책을 읽고 글 쓰는 것을 좋아합니다. 그래서 작가라는 새로운 이름을 가지게 되었고 그 일에 집중하다 보니 다른 것들은 저절로 빼기가 되었습니다. TV, 영화 등은 볼 시간도 없고 회식, 모임도 저절로 빼기가 되었습니다. 저는 작가로서의 삶을 살며 가족과 함께하고 직장생활을 성실히 하는 삶을 살고 싶습니다. 원하는 것을 분명히 하다 보니 나머지는 강제로 빼기가 된 것이 아니라 저절로 빼기가 되었습니다. 일상이 평온하고 감사합니다.

불필요한 것들을 빼면 저축이 가능해진다

저축과 소비 역시 내 삶에 중요한 것에 집중하다 보면 저절로 빼기가 됩니다. 독서와 글쓰기에 집중하는 저는 책 구매 외에 소비를 많이 하지 않습니다. 회식, 모임도 거의 없다 보니 사실 돈 쓸 일이 많지 않습니다. 외식도 잘 하지 않습니다. 아이들이 있으니 아이들 데리고 외식하기도 힘들어서 집밥을 주로 먹습니다. 사실 집에 있는걸 좋아하다 보니 소비가 많지 않습니다. 배우는 것을 좋아해서 주로 강의료, 책 구매 등에 소비합니다. 내가 원하는 것에 집중하면 다른 일에 소비할 일이 줄어듭니다. 내가 진짜 원하는 것에 집중하고 그 일을 하다 보면 더 많이 소비하고 더 많이 소유하지 않고도 평온하고 벅찬 일상을 보낼 수 있다고 생각합니다.

불필요한 소비를 빼고 저축을 더하기 해서 좋아하는 일들로 일상을 채워보세요. 무엇을 빼고 무엇을 더해야 할지 잘 모르겠다면 나의 일과를 적어보세요. 하루에 시간별로 하는 일, 주로 가는 장소, 자주 하는 일을 적어보세요. 아침부터 저녁까지 나의 하루를 시간별로 쭉 적어보면 내가 몰랐던 나의 습관과 행동이 보입니다. 하루 중 내가 원하지 않는 일을 하고 있거나 불필요한 일이 있다면 그것을 빼고 원하는 일을 넣어보세요. 회사 일 때문에 어쩔 수 없이 하는 공부, 하기 싫은 자격증 공부, 원치 않는 모임 등 생각해보면 불필요한 일들이 있습니다.

'아침에 일찍 일어나 독서하기'를 더해도 되고 '퇴근 후 카페에 들러 글쓰기 하기'를 더할 수도 있을 것입니다. 좋아하는 장소와 행동을 추가해보세요. 내가 좋아하는 서점, 좋아하는 카페를 생각해보세요. 가면 마음이 편안해지는 공간이 있습니다. 그 공간을 일상에 추가하고 내가 좋아하는 공간에서 새로운 일을 시작해 보는 것도 좋을 겁니다.

좋아하는 일을 더하면 불필요한 일은 저절로 빼기가 됩니다. 좋아하는 일들을 일상에 하나씩 더하다 보면 내가 원하던 삶을 살게 됩니다. 불필요한 외식비를 줄이고 그 금액을 저축하여 가고 싶었던 여행을 위한 적금에 가입하거나, 의류비를 줄이고 필라테스를 등록해서 건강한 삶을 유지할 수 있게 됩니다.

나를 알아가는 시간은 반드시 필요합니다. 지금 종이 위에 나의 일과와 내가 원하는 삶을 적어보고, 소비를 뺀 금액으로 저축을 늘려서 저축한 금액으로 내가 진짜 원하는 일들을 시작해보세요.

저축은 나에 대한 재테크

최고의 재테크

《취미로 직업을 삼다》의 저자 김욱 작가는 85세 번역가이자 작가입니다. 어린 시절부터 작가의 꿈이 있었지만, 생계를 위해 신문기자가 되어 30년간 일하다 은퇴 후 원하던 번역가 겸 작가가 되어서 좋아하는 집필을 하며 꾸준한 소득을 창출하고 있습니다.

미국의 유명한 화가 할머니 모지스 할머니도 그림으로 76세에 미술을 시작해 101세까지 좋아하는 그림을 그리며 화가 활동을 했습니다.

20대 때의 저는 TV, 영화, 모임, 연애 등 공부와 배움보다는 재미와 즐거움 위주로 생활을 했습니다. 즐겁고 재미는 있었지만, 마음 한구석엔 항상 허전했고 채워지지 않는 무언가가 있었습니다. 연인이 없을 때는 마음이 통하는 사람이 없어서 외로운 것이라 생각하고 다시 연애하기 위해 노력했지만, 연인이 있어도 공허함과 외로움은 채워지지 않았습니다. 76세의 모지스 할머니보다도 더 생기가 없던 시절입니다.

30대에 들어서면서부터는 책을 읽기 시작했습니다. 처음엔 투자와 재테크에 대해 내 분야를 더 공부하기 위해서였습니다. 부동산, 펀드 등 재테크로 시작한 공부는 읽으면 읽을수록 꼬리를 물었습니다. 경제 지식 전반에 대해 계속 공부하게 되었고, 지금은 금융 분야 이외에도 철학, 문학, 역사 등 인문학에 대한 독서로 넓혀가고 있습니다.

현재는 다양한 독서로 내면의 채워짐과 감사함을 느끼게 되었고 아직도 배우고 공부해야 할 게 많다는 사실이 즐겁고 설렙니다. 책을 읽을수록 더 많이 알고 싶고 궁금하고 배움에 대한 갈증이 생깁니다. 아직도 배울 것이 많고 무엇을 공부할지 고민하는 것이 즐겁습니다. 20대 때는 다른 사람들이 보기엔 더 재미있고 즐거운 삶이었겠지만 독서와 글쓰기와 평생 공부를 발견한 지금이 공허하지 않고, 감사하며 행복합니다.

"생명을 보존하려면 자연의 이치와 천성을 알아야 한다. 갓난아기처럼 호흡하는 것, 사물과 자연스럽게 어울리는 것, 그것이 생명을 보존하는 도다. 그 도를 터득하려면 알아야 한다. 길흉을 알고 멈춰야 할 때를 알고 자연의 속도와 리듬을 알아야 한다. 그 앎이 바로 생명의 원동력이다."

—《읽고 쓴다는 것, 그 거룩함과 통쾌함에 대하여》, 고미숙

우리가 알고 배우는 것은 태어날 때부터 생존을 위한 본능이라고

합니다. 나에 대해 그리고 세상에 대해 궁금해하고 배우고 앎으로써 의미 있는 삶을 살 수 있습니다. 더 많이 소유하고 더 많이 부자가 된다고 무조건 행복할까요? 우리는 로또 당첨자 중에도 다시 불행해지거나 부자들이 재산상속 문제로 가족끼리 거의 원수처럼 지내는 일들을 목격합니다. 무지와 욕망에서 앎과 깨달음 그리고 조화로운 삶으로 방향을 바꾼다면 공허함에서 충만함으로 삶의 방향이 바뀔 수 있을 것입니다. 우리는 계속해서 세상에 대해 궁금해하고 나에 대해 궁금해하며 평생 배우고 공부해야 합니다. 그것이 인간의 본성이고 무지로부터 탈출하는 일이자, 배움으로써 더욱 가치 있는 삶을 사는 길입니다.

부자가 삶을 통제하는 방법

재테크란 '재(財)'와 '테크(tech)'의 합성어입니다. 재(財)는 재물, 재산, 자산의 의미를 가지고 있고, '테크(tech)'는 기술을 의미하는 테크놀로지(technology)의 앞부분을 따온 것입니다. 본래 기업 경영에서 사용되던 용어이지만, 경제에 대한 사람들의 관심이 높아지면서 일상에서도 자주 쓰이고 있습니다. 현재는 여러 가지의 의미로 사용되고 있지만, 흔히 개인이 저축이나 투자를 통해 돈을 벌고 자산을 불리는 것으로 인식되고 있습니다.

주변에서는 부동산 열풍과 더불어 들리는 소문에는 집이 몇억씩 올랐다고 하고, 경매, 주식을 공부하라고 하며 재테크는 필수라고 이야기합니다. 하지만 막상 손해 보는 사람도 많고, 바쁜 현대 사회에서 재테크가 아니어도 신경 쓸 일이 참 많습니다. 그런데도 꼭 재테크를 해야 하는 걸까요?

잉글랜드의 철학자 프랜시스 베이컨은 말했습니다. "아는 것이 힘이다." 지식은 내 삶의 통제권을 줍니다. 아는 것이 많을수록 내 인생의 통제권을 가지고 주도적으로 살 수 있습니다. 이는 모든 것에 적용됩니다. 영어를 잘한다면 세계를 무대로 자유롭게 다니며 더 많은 사람과 소통할 수 있습니다. 영미권의 문화를 더 잘 알 수 있고 외국인과 대면해도 당황하지 않게 됩니다. 역사와 문화에 지식이 많다면 관광지나 유적지를 갔을 때 느끼는 게 다르고 감회가 새로울 것입니다. 아는 것은 세상을 보는 눈을 넓게 해주고, 생각의 틀을 깨주며, 의식을 확장해 줍니다. 나의 의식 세계가 넓어지고 문제가 발생해도 더 많은 해결 방법과 길을 알게 됩니다. 그로 인해 마음은 편안해지고 평정심을 갖게 됩니다.

재테크에 대해 다양한 지식을 갖게 된다면 어떻게 돈을 모을지, 모은다면 얼마나 모을지 목표를 세우고 달성할 수 있습니다. 돈에 대한 지식을 바탕으로 경제와 재무에 대해 통제권을 가지게 되며, 이로 인해 경제적 자유를 얻을 수 있습니다. 돈은 특히 삶의 통제권을 내가 주도적으로 갖느냐 갖지 못하냐를 좌지우지합니다.

내 삶을 주도적으로 통제하기 위해서 재테크 지식은 필수입니다. 재테크에 대해 더 많이 알고 지식을 쌓으면 돈을 수단으로 활용해 경제적 자유를 누릴 수 있습니다. 많은 부자가 그렇습니다. 그들은 항상 돈에 관심을 가지고 통제하며 돈에 얽매이지 않습니다. 금융상품에 대해 많이 알고 있고 많은 금융 지식을 가지고 있으며 경제뿐만 아니라 역사, 문화에 대한 지식도 풍부합니다. 그들은 다양한 분야에 대한 지식을 가지고 있고 그로 인해 주도적인 삶을 살고 있습니다.

부자들은 호기심이 많고 알고자 하는 의지가 강합니다. 관찰해 보면 은행에 와서도 핸드폰 대신 항상 배치된 신문을 읽습니다. 그리고 주도적으로 행동합니다. 필요한 업무를 처리하고 다른 부자들이 어떤 금융상품에 많이 가입하는지, 환율이 어떤지, 금 가격이 어떤지 흐름을 파악하고 은행원과 정보를 나누며 서로의 생각을 교류합니다. 필요한 업무 처리만 하고 돌아가는 것이 아니라 적극적으로 질문하고 정보를 얻습니다.

자신에게 맞는 금융상품을 선택하여 투자하는 것도 좋지만 '나'를 저축하는 것보다 더 좋은 재테크가 있을까요? 나를 저축하는 것은 곧 '나에 대한 투자'를 말합니다. 내가 좋아하는 공부에 시간을 저축하고 불필요하게 낭비하는 시간을 줄이는 것입니다. 이렇게 하면 평생 소득으로 이자를 받을 수 있습니다. 즐겁게 공부하며 저축하고 평생 이자를 받을 수 있다면 최고의 재테크가 아닐까요? 배움의 기쁨으로 최고의 재테크를 시작해 보세요.

재테크 지식 쌓기

재테크에 대한 지식을 얻는 방법으로 첫 번째는 경제 신문입니다. 인터넷 뉴스는 쉽게 접할 수 있는 장점이 있지만, 내가 취해야 하는 정보뿐만 아니라 너무 많은 정보가 넘쳐흘러 도리어 정보 수집에 방해가 되기도 합니다. 이럴 땐 종이로 된 경제신문을 보면 좋습니다. 주요 기사들과 현황, 나에게 필요한 경제 지식에 대해 선별적으로 얻을 수 있어 낭비되는 시간이 적고, 경제 시장 흐름을 보는 눈을 키울 수 있습니다.

두 번째는 인터넷뱅킹입니다. 처음에는 이용하기 어려울 수 있지만 한번 익히면 매우 편리한 기능입니다. 인터넷뱅킹에는 각종 금융 상품이 나와 있습니다. 하나씩 클릭하다 보면 여러 금융 상품에 대해 알 수 있고 자세한 설명도 나와 있습니다. 주거래 은행 인터넷뱅킹에 들어가서 매일 하나씩 살펴보세요. 어떤 상품이 있는지 이자는 얼마인지 요즘 금리가 몇 퍼센트인지 확인해보면 많은 금융상품의 지식을 얻을 수 있습니다.

세 번째는 금융과 재테크에 대한 독서입니다. 독서의 장점은 공간의 제약 없이 내가 원할 때 다양한 지식을 얻을 수 있다는 것입니다.

재테크 강의에 가기 어렵다면 책을 읽어 보세요. 내가 마음만 먹으면 경제와 재테크에 관해 많은 공부를 하고 지식을 얻을 수 있습니다.

재테크에 대한 지식을 쌓고 나의 부를 확장하는 데 집중한다면 경제적 목표를 달성하여 나의 삶에 통제권을 가질 수 있습니다. 돈 때문에 무엇을 못 하는 것이 아닌, 돈으로 인해 무엇이든 할 수 있는 삶을 살게 됩니다.

나에 대한 투자, 내가 좋아하는 분야에 관한 공부, 더불어 돈에 관한 공부를 통해 '나'를 저축하고 투자하시기 바랍니다. 나에 대한 저축과 나를 위한 공부 그리고 돈 공부를 추가한다면 내 삶을 스스로 결정하고 내가 원하는 삶을 살게 됩니다.

생활 속 절제의 습관

행운을 부르는 절제 습관

예능프로그램을 잘 보지는 않지만, 유재석 씨가 나오는 예능프로그램은 종종 보는 편입니다. 유재석 씨는 자신이 맡은 프로그램을 위해 녹화 전에는 약속을 잘 잡지 않고 음주도 삼가며 규칙적인 생활을 한다고 합니다. 유명인이어서 자신이 하고 싶은 대로 무엇이든 할 수 있을 것 같지만 진정 좋아하는 일을 위해 경건과 절제를 실천하고 있습니다.

《The Having》을 집필한 이서윤 작가는 자신의 또 다른 저서인 《오래된 비밀》에서 절제의 습관은 행운을 부른다고 말합니다. 특히 중요한 결정을 내리는 시기에는 경건과 절제를 해야 한다고 합니다. 경건과 절제를 실천할 때 정신이 흐트러지지 않고 내가 원하는 것에 집중하여 좋은 기운을 불러들인다는 것입니다.

"성공의 가장 큰 위협은 실패가 아니라 지루함이다."

— 《아주 작은 습관의 힘》, 제임스 클리어

행운을 불러주는 절제의 습관을 기르기 위해서는 지루함을 사랑해야 합니다. 매일 매일 습관이 될 때까지, 습관이 되고 나서도 반복해야 합니다. 김연아 선수, 강수진 발레리나, 손흥민 선수 등 각 분야의 최고 정점을 찍은 이들에게는 매일 연습 하는 것이 일상적이었습니다. 그들도 연습하기 싫은 날이 있었을 것입니다. 하지만 그들은 일정을 꾸준히 따르고 기분이 안 좋을 때도 행동을 취했습니다.

우리는 쉽게 감정과 기분에 따라 행동합니다. 기분이 영 아닐 땐 운동을 가지 않고, 등록했던 자격증 학원을 빠지기도 하며, 매일 하기로 한 어학 공부도 하루쯤은 쉬어도 괜찮을 거라 여깁니다. 기분이 안 좋은 날이 하루에서 이틀이 되는 것은 쉬운 일입니다. 이런 날이 계속되면 스스로 정했던 목표와 멀어지게 됩니다. 프로와 아마추어의 차이는 자신의 감정을 다스리고 지루함을 견디는 힘에 있습니다.

종잣돈을 만들고 저축하는 습관도 마찬가지로 자신의 감정을 다스리고 지루함을 견디는 힘이 필요합니다. 소비를 절제하다가 내 감정에 휩쓸려 그만두고 다 써버리고 싶을 때, 하루쯤은 뭐 어때 하는 마음으로 충동적인 소비를 할 때, 그 하루가 점점 쌓이게 되면 종잣돈 만들기와 부는 멀어지게 됩니다. 그렇다면 지루함을 견디는 방법들은 어떤 것들이 있을까요?

지루함을 즐기는 힘

첫 번째로 목표를 정확히 설정하고 반드시 이루겠다고 다짐하며 그 모습을 상상하는 것입니다. 반드시 이루겠다고 생각하고 이루어진 모습을 생생하게 상상해보세요. 그리고 그 목표를 이룰 방법들을 찾아보고 계획하는 것입니다. 내가 1년 동안 얼마를 모을지, 모으면 무엇을 할지, 모으고 나서 나의 모습은 어떨지 상상하고 반드시 이룬다고 생각하는 것입니다. 동기부여는 지루함을 견디는 강력한 힘 중의 하나입니다. 지루할 때마다 내가 적은 목표를 다시 한번 보고 그 다짐을 상기해 봅니다.

두 번째로 매일 나의 소원을 적는 것입니다. 매일 일기처럼 한 줄로 적어보세요. 부자가 된 나의 모습, 종잣돈을 모은 나의 모습 등, 원하는 것을 이루어낸 나의 모습을 일기로 적는 겁니다. 예를 들어 '1천만 원을 모으고 싶다'가 아닌, '1천만 원을 모았다'와 같이 이미 이루어진 결과형으로 적는 것입니다. 간단하게 한 줄이면 됩니다. 매일 일기처럼 소원을 적다 보면 나의 저축 습관이 변하고 행동이 달라집니다.

세 번째로 함께할 동료를 만드는 것입니다. 지루함을 견디는 방법의 하나는 같은 목표와 일을 가진 동료와 함께하는 것입니다. 동료와 함께한다면 목표를 이루는 과정이 좀 더 쉽고 즐겁습니다. 같이 피드

백을 해줄 수도 있고 서로 힘들 때 다시 다잡아 줄 수 있습니다. 친구나 배우자와 함께 종잣돈 만드는 것에 관해 이야기하고 서로 이해하고 도움을 주고받으며 함께한다면 더 목표를 달성하기 쉽습니다.

생활 다이어트, 절제

절제를 통해 저축을 늘리기 위해선 우리의 감정을 다스리고 특히 충동적인 소비를 줄여야 합니다. 회사에서 상사에게 스트레스받았을 때, 기분이 우울할 때 쇼핑을 하거나 친구를 만나면 나도 모르게 충동적으로 소비를 하기 쉽습니다. 우울한 기분을 스타벅스 커피로 달래고 싶고 나에 대한 위로로 사고 싶었던 가방이나 예쁜 옷이 사고 싶습니다. '나를 위해 이 정도도 못 하나, 이러려고 돈 버는데' 하고 생각하면서 말입니다. 감정이 요동치면 친구들을 만나서 "내가 살게. 한잔하자"라고 말하게 되고 급히 여행도 가고 싶어집니다. 그러다 보면 다음 달 카드 결제 금액이 예상 금액을 훌쩍 넘게 됩니다. '다음 달부터 아껴 써야지' 하지만 다음 달도 별반 다를 게 없습니다.

물론 적절한 소비는 필요합니다. 내가 가치 있게 생각하고 중요하다고 생각하는 것에 돈을 쓰는 일은 필요합니다. 하지만 감정에 휘둘려 충동적으로 소비하다 보면 저축액이 없고 남는 게 없어 결국 후회하게 됩니다. 계획된 소비가 아닌 감정에 의한 소비는 낭비가 되기 쉽습니다. 문제는 이런 우울한 기분이 자주 찾아오게 되고 그럴 때마다 충동적인 소비를 하면 종잣돈 모으기는 작심삼일이 되기 쉽다는 것입니다.

　충동적인 소비를 하고 싶어질 때 소비 대신 나만의 대체할 행동을 만들어보세요. 회사에서 스트레스를 받았을 때 '친구와 술자리를 갖는 대신 집에서 내가 좋아하는 책을 읽거나 영화를 본다'든지 우울해서 '옷을 사고 싶을 땐 옷가게 옆에 서점을 구경한다'든지 대체 행동을 만드는 겁니다. 감정에 따른 소비는 소비 대신 내가 좋아하는 행동들로 하면 좋습니다.

　절제는 괴롭고 힘든 것이라는 고정관념이 있습니다. 먹고 싶은 것을 못 먹고, 사고 싶은 것을 못 사고, 하고 싶은 것을 못 한다고 생각하기 쉽습니다. 하지만 과식을 하지 않고 내 몸을 더 아껴줄 수 있고, 불필요한 소비를 줄이고 진정 소비해야 할 곳에 소비하게 해 줍니다. 또한 정말 하고 싶은 일에 집중하고 불필요한 시간을 줄일 수 있습니다. 절제는 내 생활에 군더더기를 제거해주는 건강한 다이어트입니다. 절제를 통해 불필요한 것을 비우고 내가 진정으로 원하는 것에 집중해 보세요. 나의 일상을 건강하고 빛나게 바꿀 수 있습니다.

저축은 현재를 위한 선물

내 인생을 스스로 관리하는 힘

예전엔 각종 매체와 책에서 모두 '꿈'에 대해 강조했습니다. 내가 원하는 모습, 나의 꿈을 위해 현재를 희생하고 노력해야 한다고 말입니다. 하지만 아무리 노력하고 꿈을 향해 달려도 꿈은 너무 높아만 보이고 노력은 버겁게 느껴집니다. 이제 미래보다 현재에 집중하고 싶은 우리에게 최근에는 '현재를 살자', '지금이 제일 소중하다'라는 메시지들이 다가옵니다.

저는 꿈과 현재 모두 소중하다고 생각합니다. 꿈은 간직하되, 꿈을 위해 현재를 희생하는 것이 아닌 꿈을 가지고 현재를 소중히 생각하며 하루하루 지내는 것입니다. 꿈을 위해 현재 힘들게 노력하는 것이 아니라 꿈을 위해 하루를 소중히 보내고 싶습니다. '꿈은 반드시 이루어진다'라기보다는 '소중한 하루, 감사한 하루'들이 모여 '원하는 나'의 모습을 이루고 싶습니다. 꿈을 간직하되 현재를 희생하지 말고 소중히 보냈으면 합니다.

　그렇다면 저축은 어떨까요? 미래의 나를 위해 현재의 나를 희생하는 것일까요?

　'저축'에 대해 일부 젊은 세대들은 "얼마 되지도 않는데 저축하면 뭐 해요, 그냥 쓰면서 살래요, 현재를 즐길래요"라고 말합니다. 저축은 나의 꿈과 미래를 위해 현재를 희생하는 것으로 생각하기 때문입니다.

　하지만 저축은 현재의 나를 위한 것입니다. 즉 미래를 위한 희생이 아닌 현재를 위한 것입니다. 지금 아끼고 덜 써야 하는데 왜 현재를 위한 것이냐고요? 아끼고 덜 쓰게 해주기 때문에 현재의 나를 위한 것입니다. 지금의 내가 절제하고 나를 관리할 수 있게 해주기 때문입니다. 내가 나를 통제하고 절제할 수 있게 해줍니다. 이렇게 소중한 절제 습관과 하루들이 모여 결국 원하는 모습으로 나를 바꿔줄 수 있습니다.

　저축은 미래에 원하는 내 모습을 위한 것이기도 하지만 현재의 내가 절제하는 습관을 기르기 위한 것입니다. 절제하며 나를 다스리는 하루들이 모여 결국 내 인생을 스스로가 관리할 수 있게 됩니다.

오늘을 위해 저축하는 하루

　최근엔 은행에서 절약 계획을 세우고 실천하면 금리를 더 주는 적금들이 있습니다. 이런 상품을 활용하면 매일 절약계획도 세우고 우대금리까지 받을 수 있습니다.

'우리 200일 적금'은 200일 동안 적금을 유지하면 금리 우대 혜택을 주는 적금 상품입니다. (2021.8.29.일 기준) 매일 자동이체 할 수 있게 도와줌으로써 절약하고 저축할 수 있게 해줍니다.

또한, 매일 핸드폰으로 발송되는 push 알림을 누르면 자동 저축할 수 있는 설정도 있습니다. 이 서비스 역시 매일 저축하는 습관을 도와줍니다.

마지막으로 계좌 자투리 적립 플랜도 활용해볼 수 있습니다. 매일 계좌의 자투리 금액을 자동으로 적립시켜주어 적은 돈이라도 아낄 수 있게 해줍니다. 이 세 가지 방법 중 하나를 선택하여 나의 취향에 맞게 하루하루 저축할 수 있게 도와줍니다.

'카카오뱅크 26주 적금'은 매주 자동이체 금액이 일정하게 증가하여, 저축 규모를 조금씩 늘려 저축 습관을 기를 수 있도록 도와주는 상품입니다. (2021.8.29.일 기준) 첫 주는 1천 원 저축했다면 둘째 주는 2천 원, 셋째 주는 3천 원을 저축하는 방식입니다. 매주 저축금액을 늘려 도전하며 결국 목표를 이루는 재미를 느끼게 해줍니다. 또한, 적금의 이름을 내가 설정할 수 있는데 이것 또한 나의 저축 목적을 되새겨 주고 매일 저축할 수 있게 도와줍니다. '커피 적금'이라고 이름을 지으면 매일 커피값을 아껴 저축할 수 있고 '외식비 적금'이라고

지으면 외식비를 아껴 매주 쓰는 외식비를 아껴 저축할 수 있게 도와
줍니다.

　미래의 어떤 것을 달성하기 위한 저축도 좋지만, 오늘 하루 저축하
고, 계획하여 소비하는 하루를 만들어보세요. 매일매일 목표를 달성
하는 하루가 모여 결국 꿈꾸던 나의 모습이 현재의 나의 모습으로 다
가오게 될 것입니다.

흔들리지 말자

나를 사랑하면 강해진다

은행 생활을 하다 보면 직원 잘못이 아닌데 불같이 화를 내는 고객을 만나거나 직원에게 화풀이하는 고객을 만나게 됩니다. 은행원도 이런 고객을 응대하기는 쉽지 않고 실제 많은 직원이 이런 경우를 가장 힘들어합니다. 경력이 많고 나이가 있는 책임자들도 소위 말하는 진상 고객 응대는 어려워합니다.

그런데 한 지점에서 근무할 때 인상적인 직원이 있었습니다. 20대 중반의 젊은 직원이었는데 그 직원은 항상 자신감이 넘쳤고 똑똑했으며 무엇보다 자기 자신을 믿고 부자가 된다는 강한 확신이 있었습니다. 막연히 부자가 될 거라고 생각하는 것이 아닌 구체적인 계획이 있었고 실제로 실행하고 있었습니다. 어려운 은행 상품들도 공부해서 막힘없이 설명했고 늘 배우고자 했습니다.

하루는 그 직원에게 한 고객이 매우 화를 내며 상품을 해지해달라고 했습니다. 청약 저축인데 금리가 변동되어 금리가 이렇게 낮은 줄 몰랐다며 다 해지하라고 소리쳤습니다. 보통 그렇게 소리를 지르면 젊은 직원들은 당황하거나 책임자분이 나서는데 그 직원은 굉장히 평온한 모습으로 목소리 톤 하나 변하지 않고 고객을 응대했습니다. 소리를 지르는 고객에게 마지막에는 온화한 목소리로 "고객님, 해지는 하지 마세요. 아깝잖아요." 하는데 그 고객도 더는 아무 말도 하지 않으셨습니다. 그 직원이 고객 응대 하는 것을 보며 대단하다고 느꼈습니다. 사실 저도 막무가내로 화를 내거나 억지를 부리는 고객을 응대하기 쉽지 않고 같이 화가 나기도 하는데 그 직원은 감정의 동요 없이 고객의 말을 들어주었습니다.

평소 그 직원의 강한 자신감과 자신에 대한 확신이 사소한 감정에 휘둘리지 않게 하는 강력한 힘이 아닌가 생각되었습니다. 자신을 믿고 사랑하면 강해지고 흔들리지 않는다고 생각합니다. 나의 꿈과 부에 대한 확신이 있다면 사소한 일들에 휘둘리지 않고 꿈과 나의 일에 집중하게 됩니다. 흔들리는 그릇에는 물을 담을 수가 없습니다.

흔들리지 않는 마음이 부를 부른다

저축과 투자에 있어도 항심은 행운을 불러옵니다. 경제적 충격이 있을 때 많은 사람이 심리적으로 흔들리고 주식을 사거나 팔면서 빨리 부자가 되려고 합니다. 하지만 이렇게 흔들리고 급한 마음으로는 부자가 되기 어렵습니다. 무리하게 투자할 경우 갑자기 급락하는 주식시장에서 평정심을 유지하기란 어렵기 때문입니다.

투자의 귀재 워런 버핏은 투자자에게 주식을 매수할 때 단기 가격 상승이 아닌 장기적인 가치 상승에 초점을 둬야 한다고 합니다. 최고의 투자자조차 시장이 어떻게 진행될지 예측할 수 없으니 장기적으로 가치를 제공하는 기업에 투자해야 한다고 하는데, 과연 단기적인 상승을 바라고 투자해서 지속적으로 성공할 수 있을까요? 우리는 시장이 아니라 기업의 가치에 장기적으로 흔들리지 않는 투자를 해야 합니다.

그는 특히 "얼마를 사든 간에 외부 의견이 아니라 그 주식을 사는 자신의 이유를 종이에 적을 수 있어야 한다."라고 강조했습니다. 우리는 다른 사람의 말에 흔들리지 않고 나만의 투자하는 이유가 명확히 생긴 후에 그때 투자를 해야 합니다. 나만의 명확한 투자 이유가 없으면 항심을 가지기 힘들고 쉽게 흔들릴 수 있습니다.

버핏은 코로나19 공포감 속에 급락세를 보인 뉴욕 증시에 대해선 "당장 그날의 헤드라인을 보고 사서나 팔지 말라"라며 "기존 투자 포트폴리오엔 아무런 영향이 없을 것"이라고 강조했습니다. 또한 "우리는 20~30년간 보유할 수 있는 종목에 투자한다"면서 "코로나19 때문에 20~30년 전망이 달라지지는 않는다"라고 설명했습니다.

　버핏의 투자는 가치 있는 기업에 장기적으로 투자하는 방법입니다. 이는 나 자신을 믿고 흔들리지 않는 마음을 가진 사람만이 할 수 있는 가치 투자 방식입니다. 버핏은 가치 투자 방식을 고수하는 것으로 유명하고, 억만장자이면서도 검소한 생활 태도를 지니고 있습니다. 또한 적극적인 기부활동도 펼치고 있습니다. 그의 부를 불러오는 행운과 투자의 바탕에는 흔들리지 않는 마음이 있었습니다.

　나를 믿고 흔들리지 않는 마음을 가지세요. 믿음이 있으면 기다림 또한 할 수 있습니다. 그러기 위해선 먼저 나를 믿고 사랑해야 합니다. 믿고 기다리는 마음이 있다면 흔들리지 않습니다. 나에 대한 믿음과 기다림이 부와 행운을 불러올 것입니다.

❶ 정기적금의 특징

1. 원금 보장이 되고 중도해지를 해도 손실이 없다
2. 정기적금의 이자는 정기예금 이자보다 적다
3. 매월 같은 금액을 같은 날짜에 입금하는 것이 기본이다
4. 가입한 달에는 자동이체가 두 번 빠져나갈 수 있다

---

❷ 자유적금의 특징

1. 자유롭게 입금할 수 있다
2. 금리는 보통 정기적금보다 낮다
3. 계약 기간은 처음에 설정해야 한다
4. 자동이체 등록하고 추가로 입금할 수 있다

---

❸ 비상금은 파킹통장에

'파킹통장'이란 주차(Parking)를 하듯 목돈을 잠시 보관하는 통장을 말합니다. 통장에 일정 금액 이상을 넣어두면 일반 입출금 통장보다 더 높은 금리가 적용됩니다. 일반 적금과 달리 입출금이 자유롭고 예금자보호법에 따라 5천만원까지 원금이 보장됩니다. 비상자금으로 언제 쓸지 모르는 여유자금은 예금이나 적금에 가입하기엔 부담스럽고 그렇다고 입출금 통장에 넣어놓자니 이자도 없고 금방 흐지부지 없어질 것 같아 아까운 마음이 듭니다. 이럴 땐 따로 파킹통장을 만들어 비상자금을 보관하면 이자도 받고 필요할 때 일부 자금을 찾거나 일부를 입금할 수 있어 편리합니다.

5장

1천만 원 종잣돈 만들기 # 2
: 나는 내 스타일 대로 종잣돈을 모은다

강제저축의 기본, 정기적금

적금에 이자를 바라지 말라

"돈 모으려고 하는데, 어떤 상품을 들어야 하나요?"

"얼마나 오래 모으실 건가요?"

"1년이요."

"그럼 정기적금을 추천해 드립니다."

"금리는 몇 프로예요?"

"스마트뱅킹으로 가입하시면 2.5%입니다."

"그럼 20만 원씩 1년 넣으면 이자는 얼마예요?"

"세후 2만 7,495원입니다."

"이자가 그거밖에 안 돼요? 적금할 필요가 없네요."

많은 고객이 적금 이자를 말씀드리면 보이는 반응입니다. 이자가 너무 적다고 굳이 적금을 들어야 하냐고 하십니다. 그럼 저는 이렇게 말씀드립니다.

"고객님, 적금은 이자 받으려고 하는 거 아니에요. 돈을 모으려고 하는 거지요. 적금 안 하시면 월급 통장에 있는 돈 다 빠져나가고 안 남지 않습니까? 강제로 적금하셔야 만기 때 목돈이 생깁니다."

이렇게 말씀드리면 대부분 공감하며 강제로 저축해야 한다고 가입을 합니다. 따로 적금을 들어 돈을 분리해서 모아두지 않으면 입출금 통장의 잔액은 어느 순간 사라지는 마법을 부리곤 합니다.

일단 적금을 시작해서 만기가 되어 해약하게 되면 그때부터 많은 선택지가 생깁니다. 적금에 가입하는 목적이 있었다면 목적에 맞게 자금을 사용하면 되고, 특별히 목적이 없었다면 만기 된 금액을 예금으로 가입할 수 있습니다. 그리고 다시 적금에 가입하면서 본격적인 재테크가 시작되는 것입니다.

일단 10만 원으로 적금에 가입했어도 1년 후면 만기 때 120만 원이고 120만 원으로 예금이나 펀드, ELT(Equity Linked Trust, 증권사가 발행한 파생 결합 증권인 ELS를 은행 신탁 계정에 편입한 상품) 같은 다양한 상품에 가입할 수 있습니다. 그리고 또다시 적금을 시작하여 목돈을 모으는 것입니다. 일단 적금에 가입하면 만기 때 내가 할 수 있는 새로운 일과 기회가 생긴다는 사실 자체가 의미 있고 멋진 일이 될 수 있습니다.

정기적금의 특징

Check Point 1. 원금 보장이 되고 중도해지를 해도 손실이 없습니다.

정기적금은 예금자 보호 상품입니다. 은행이 망하지 않으면 당연히 원금 보장이 됩니다. 극단적으로 은행이 부도가 나도 5천만 원까지 원금이 보장됩니다. 중도해지를 하면 이자는 적지만 원금이 손실 나는 위험은 없습니다. 그리고 단기간에 끝남으로써 성취감도 느껴볼 수 있습니다.

Check Point 2. 정기적금의 이자는 정기예금 이자보다 적습니다.

적금에 관해 문의하는 고객 중 적금 이자가 적은 것에 대해 궁금해하는 고객이 많습니다. 적금 이자는 정기예금 이자와 다릅니다. 같은 2.5%라도 정기예금 이자가 더 많습니다. 왜 그럴까요?

1년 적금을 들었다고 생각해 보면 1회 차, 즉 첫 달에 입금한 것은 12개월간 예치되어 있어서 12개월 이자를 받을 수 있습니다. 하지만 2회 차 입금한 것은 11개월 예치되어 있기 때문에 11개월간 이자를 받습니다. 마지막 입금된 것은 1개월간 예치되어 있어 1개월 치 이자를 받습니다. 반면 정기예금은 1회 차 입금 후 12개월간 예치하기 때문에 같은 이율이라도 1년 치 이자를 받는 것입니다. 적금으로 종잣돈을 모아 정기예금에 가입하면 더 많은 이자를 받을 수 있다는 말이 됩니다.

Check Point 3. 매월 같은 금액을 같은 날짜에 입금하는 것이 기본입니다.

가입일로부터 매월 같은 금액을 같은 날짜에 적립하는 것이 기본입니다. 자동이체를 걸었는데 날짜가 늦어지면 만기도 늦어집니다. 또한, 금액을 적게 입금하면 정해진 금액이 아니기 때문에 본래 만기 날짜에 해지하면 중도해지 처리가 됩니다. 이런 경우 부족한 금액을 다 입금하고 날짜가 미뤄진 만큼 기다렸다가 해지해야 합니다. 또는, 기억해 두었다가 다음 달 입금 시 일주일 전에 미리 입금한다면 선납 일을 인정해 주어 만기일이 늦춰지지 않게 됩니다. 즉, 늦게 납입 한때가 있다면 그다음 달은 미리 입금해서 만기일이 늦춰지는 것을 예방하면 좋습니다.

그리고 모든 건 가입일부터 적용되는 것이기 때문에 신규 날짜에 입금한 금액이 매월 자동이체 가능한 금액이라고 생각하면 됩니다. 간혹 정기적금을 신규로 가입할 때 "오늘은 1만 원만 넣고 다음 달부터 10만 원 자동이체해주세요."라고 말씀하시는 분들이 많습니다. 그러나 가입일부터 10만 원에 가입해야 다음 달부터도 10만 원씩 자동이체가 됩니다.

Check Point 4. 이럴 땐 자동이체가 두 번 빠져나갈 수 있습니다.

신입 행원 때 일입니다. 정기적금을 신규로 가입해드린 고객이 자동이체가 두 번 빠져나갔다고 다시 오신 적이 있습니다. 1일에 신규로 가입 했는데 적금 자동이체 일을 25일로 지정한 경우입니다. 이때는 1일에 신규 입금분 1회 차가 납입되고 난 후, 그달 25일에 2회 차가 납입된 것이었습니다. 이런 경우 다음 달부터는 정상적으로 25일에 1번만 금액이 빠져나가게 됩니다. 그리고 12월에 적금을 신규로 가입하면 11월에 납입이 끝나지만, 이런 경우는 10월에 납입이 끝납니다.

이제 정기적금에 대한 특징을 알아보았으니, 1천만 원 모으기를 목표로 적금에 가입해보세요. 금리 2.5% 가정 시 먼저 1년을 목표로 월 82만 4,000원을 저축하면 됩니다. 월급도 적고 빠져나갈 돈도 많아서 여유가 없다고요? 그렇다면 기간을 늘려봅시다. 1년이 힘들다면 2년 필요금액은 매월 41만 원입니다. 2년도 힘들다고요? 그렇다면 더 기간을 늘리면 됩니다. 3년 필요 금액은 매월 27만 원, 5년은 15만 9,000원, 10년은 7만 6,000원이 됩니다. 기간이 짧을수록 좋지만, 저축 가능 금액에 맞게 기간을 설정할 수 있습니다.

"적금할 돈이 없어요"라고 말하는 대신 내가 최대한 매월 적금할 수 있는 금액을 정하고 그에 맞춰 기간을 설정해보세요. 저축 가능 금액에 맞춰 나에게 맞는 기간을 정하고 적금에 가입하면 됩니다. 강제저축의 힘을 빌려 통장을 만들고 자동이체를 설정하여 해지하지 않는다면 만기 때 1천만 원을 모을 수 있게 됩니다.

수고한 나를 위한 선물, 자유적금

일 년에 한 번쯤, 나를 위한 선물을 하시나요? 직장생활에 지친 나를 위해, 학업에 지친 나를 위해, 일 년 동안 수고한 나에게 선물을 주세요. 나에게 주는 선물은 나를 아끼고 사랑하는 방식이 됩니다. 에너지가 방전되었을 때, 나를 위해 재충전해주세요. 1년에 한 번 가족끼리 해외여행을 간다면 소중한 추억과 함께 다시 일상을 살아가는 힘을 얻습니다.

본인만의 선물을 찾아보세요. 내가 무엇을 할 때 가장 기쁜지, 무엇을 가장 좋아하는지 생각해보세요. 저는 책 읽는 것을 좋아해서 한 번씩 책을 장바구니에 담아두었다가 한꺼번에 사곤 합니다. 내가 좋아하는 책들을 10권, 20권 정도 쌓아놓고 볼 때 행복합니다.

일 년에 한 번 나를 위한 선물을 준비하기 위해 자유적금에 가입해보는 건 어떨까요? 자유적금은 매월 일정 금액 저축해야 하는 것이 아니라 금액, 횟수를 자유롭게 설정하여 입금할 수 있습니다. 예상치 못한 보너스, 수입이 생기면 그때그때 소비하는 것보다 적금으로 모아두었다가 해지하면 좀 더 크게, 그리고 의미 있게 생각하며 나를 위한 선물을 할 수 있을 것입니다.

자유적금의 특징

Check Point 1. 자유롭게 입금할 수 있다.

정기적금과 달리 매월 일정 금액을 일정한 날짜에 입금하지 않아도 됩니다. 한 달에 여러 번 입금해도 되고 입금할 때마다 금액을 다르게 입금해도 됩니다. 그야말로 자유롭게 입금할 수 있어서 편리합니다.

Check Point 2. 금리는 보통 정기적금보다 낮다.

상품마다 차이는 있지만 보통 자유적금은 입금이 자유로운 대신 정기적금보다 이율이 낮습니다. 따라서 큰 종잣돈 마련의 목적보다는 여유자금을 부담 없이 모은다는 느낌으로 적금에 가입하면 좋습니다.

Check Point 3. 계약 기간은 처음에 설정해야 한다.

자유적금이지만 계약 기간은 처음에 설정한 대로 유지됩니다. 이는 정기적금과 같습니다. 처음에 1년 만기로 가입하면 1년 동안 자유롭게 입금할 수 있고 2년이나 3년으로 변경할 수는 없습니다.

Check Point 4. 자동이체 등록하고 추가로 입금할 수 있다.

자유적금도 자동이체를 통해 정기적금처럼 매달 일정 금액이 빠져 나갑니다. 그리고 인터넷뱅킹으로 추가 입금도 할 수 있습니다.

VIP실 근무 당시 한 고객은 자유적금 계좌를 만들고 수시로 들러 입금했습니다. 지점이 집 근처에 있다며 동네를 산책하다 생각나면 들러 5만 원, 10만 원을 입금했습니다. 잔돈과 동전을 모아 금액이 생길 때마다 입금하는 재미를 느낀다며, 만기가 되면 꼭 다시 정기적금과 더불어 자유적금도 신규로 가입하길 원하셨습니다.

저도 자유적금을 활용하곤 하는데 소액이더라도 비정기적으로 나오는 휴가 보상비나 생각하지 못했던 보너스가 나올 때 입금합니다. 만기 때 이 돈으로 사고 싶었던 물건을 사거나 여행비로 씁니다. 만기가 다가오면 '이 돈으로 무엇을 할까?' 상상하면 즐거워집니다.

자유적금의 상품마다 특징들이 있습니다. 사회 초년생들에게 주거래 카드나 자동이체를 설정하면 금리 우대를 주거나, 상품에 부가서비스를 추가하는 적금들이 있습니다. 적금 가입 후 일정 기간이 경과하고 일정 금액 이상 적립하면 콘도/리조트/펜션 1박 무료 서비스를 제공하고, 적금 만기가 되면 여행사 여행패키지를 할인해주는 서비스도 있습니다. 또한, 만기 시 원데이클래스나 숙박 할인 서비스를 할인 코드로 통장에 찍어주기도 합니다. 만일 자유적금의 목적이 여행이었다면 이러한 부가서비스가 있는 적금에 가입하면 더 좋습니다. 적금이 만기 되어 원금과 이자도 찾고 이러한 할인 혜택도 받을 수 있으니 일거양득입니다.

자유적금은 자녀가 있는 부모님들이 자녀 통장으로도 많이 개설하는 편입니다. 아이들이 설날에 용돈을 받거나 용돈이 남을 때 입금할 통장이 필요한데 입출금 통장은 이자가 없고, 정기적금은 부담스럽다면 자유적금이 유용합니다. 보통 자유롭게 입금할 수 있고 금액이 필요하면 해지하지 않아도 입금건별로 분할 해지가 가능하기 때문입니다. (상품마다 차이가 있을 수 있습니다.) 만기도 처음 신규 시 5년으로 가입하면 매년 해지하지 않아도 되니 아이들 통장으로 편리하게 이용할 수 있습니다.

한번 1년 자유적금에 가입해보는 건 어떨까요? 수입이 더 많이 나오는 달이나 예상치 못한 수입이 들어올 때 소액이라도 저축해보세요. 그리고 해지 시 나를 위해 무엇을 할지 생각해보는 겁니다. 저축은 물론 내가 좋아하는 것, 내가 가치 있다고 생각하는 것이 무엇인지 더 알 수 있게 됩니다.

티끌을 태산으로 만들기, 파킹통장

《돈》의 저자 보도 섀퍼는 "최소 5백만 원 이상을 확고한 비자금으로 은행 대여금고 같은 곳에라도 따로 보관해놓아야 한다."라고 했습니다. 그 이유는 비자금이 있어도 최악의 경우 파산은 피할 수 없지만, 그 돈으로 반년 정도 기본적인 생활을 유지하면서 꼭 필요한 고지서들을 막을 수 있고, 차분히 새로운 아이디어를 모아 새로운 일을 시작할 수 있다는 것입니다.

보통은 월급을 받으면 생활비 통장에 일부 이체하고 일부는 저축합니다. 그리고 혹시 모를 지출을 대비해 생활비 통장에 계획된 예산보다 더 입금해 놓기도 합니다. 이른바 비상자금을 마련해 두는 겁니다. 생각지 못한 경조사비용이나 의료비, 실직 등을 대비해 비상자금을 마련해 두면 생활이 크게 흔들리지 않습니다. 혹시 내가 실직하거나 파산하게 되더라도 최소한 몇 개월 생활을 유지하며 다른 직장을 구하거나 다른 일을 시작하는 데 도움을 줍니다. 따라서 비상자금을 마련하는 것은 필수입니다.

 코로나를 겪으며 점점 더 평생직장의 개념이 사라지고 있습니다. 안정적인 직장도 좋지만 내가 진짜 좋아하고 오래 할 수 있는 일이 무엇인지 더 고민하고 생각해볼 필요가 있습니다. 직장이 없어도 내가 꾸준히 소득을 창출 할 수 있는 일이 무엇인지 고민해보고 나만의 무기로 만들어야 합니다. 최근 주목받는 유투버, 웹 소설가, 웹툰 작가, 강사 등 나만의 장점으로 가질 수 있는 직업들이 늘어나고 있습니다.

 내가 진짜 좋아하는 일을 찾고 그 일을 통해 소득을 창출하기 위해선 시간과 노력이 필요합니다. 그리고 그 일로 자리 잡으려면 긴 시간이 걸릴 수도 있고 어쩌면 이루지 못할 수도 있습니다. 불확실한 길이라고 생각될 수도 있습니다. 그렇게 꿈을 이루기 위한 길을 걷기 위해선 경제적인 어려움을 생각하지 않을 수 없습니다.

 꿈을 이루고 내가 좋아하는 일을 찾기 위한 여정을 위해 최소한의 생활비가 필요합니다. 최소한의 생활비를 위해선 앞서 말한 비상자금은 선택이 아닌 필수입니다. 비상자금을 모으고 관리해야 합니다. 비상자금이 있다면 최소한의 생활비로 나에게 집중하고 질문하는 시간을 가질 수 있는 여유가 생깁니다. 불안함에서 나를 지켜줄 수 있습니다.

그렇다면 비상자금은 어떻게 관리해야 할까요? 비상자금에도 이자를 주는 통장을 만들어 관리할 수 있습니다. 이른바 이자를 주는 '파킹통장'에 가입하는 것입니다.

'파킹통장'이란 주차(Parking)를 하듯 목돈을 잠시 보관하는 통장을 말합니다. 통장에 일정 금액 이상을 넣어두면 일반 입출금 통장보다 더 높은 금리가 적용됩니다. 일반 적금과 달리 입출금이 자유롭고 예금자보호법에 따라 5천만 원까지 원금이 보장됩니다. 비상자금으로 언제 쓸지 모르는 여유자금은 예금이나 적금에 가입하기엔 부담스럽고 그렇다고 입출금 통장에 넣어놓자니 이자도 없고 금방 흐지부지 없어질 것 같아 아까운 마음이 듭니다. 이럴 땐 따로 파킹통장을 만들어 비상자금을 보관하면 이자도 받고 필요할 때 일부 자금을 찾거나 일부를 입금할 수 있어 편리합니다.

우리은행의 파킹통장으로 '마이Won 포켓'이 있습니다. 금액 구간별 최대 연 1%가 적용되고 최대 1천만 원까지 입금이 가능합니다. 입출금 통장에 연결하여 스마트뱅킹으로 쉽게 가입할 수 있습니다. 100만 원까지 연 0.2%, 100~500만 원까지 연 0.8%, 500만 원~1,000만 원까지 연 1%를 적용하기 때문에 500만 원 이상 비상자금이라면 '마이won'포켓에 가입하면 유리합니다.

케이뱅크는 '플러스박스'가 있습니다. 1인당 최대 10개까지 파킹통장을 만들 수 있고 '생활비 통장', '비상금통장' 등 용도별로 여러 개의 통장을 만들 수 있습니다. 파킹통장을 활용한 이른바 통장 쪼개기가 가능한 것입니다. 원하는 날을 골라 입출금통장에서 플러스박스로 자동이체가 가능합니다. 플러스박스에는 총 1억 원까지 맡길 수 있고, 연 0.5% 금리를 적용합니다.

국민은행의 'KB 마이핏 통장'도 하나의 계좌를 기본비, 생활비, 비상금으로 쪼개 쓰는 수시 입출금 통장입니다. 생활비는 체크카드 사용금액이 빠져나가는 곳으로 금액 한도를 설정할 수 있습니다. 이로써 계획된 소비를 할 수 있도록 도와줍니다. 비상금으로 분류한 돈에는 연 1.5% 이율이 적용됩니다. 비상금은 최대 2백만 원까지 설정 가능합니다.

파킹통장의 특징을 이용해 비상자금을 따로 분류해서 모을 수 있습니다. 따로 모은 자금을 통해 이자도 받고 마음의 여유도 찾을 수 있습니다.

파킹통장에 가입해 생활비와 비상자금을 따로 관리하고 계획된 소비를 해보세요. 이자까지 받을 수 있으니 일석이조입니다. 비상자금을 통해 생활의 든든한 버팀목을 마련하고 하고 싶은 일을 마음껏 할 수 있는 기반을 마련하시길 바랍니다.

10만 원으로 1천만 원을
만드는 펀드?

펀드의 기본 개념

"펀드란 무엇인가요?"

펀드란 특정한 목적을 위해 모인 자금을 자산운용회사가 투자자들을 대신해 운용하는 금융상품입니다. 직접 주식을 사기에는 정보가 부족하고 어떤 주식을 사야 하는지 고민되는 분들을 위해 자산운용 전문가가 대신 주식투자를 해주는 것입니다. 한 주식만 사는 것이 아니라 여러 개의 주식에 투자하여 펀드로 운용하기 때문에 분산투자할 수 있고 10만 원부터 가입할 수 있어 소액으로 할 수 있는 장점이 있습니다. 또한, 자동이체를 걸어 놓으면 적금처럼 꾸준한 투자가 가능한 장점이 있습니다. 적금보다 높은 수익을 원하고, 꾸준한 적립식 투자로 자금을 불리고 싶은 분들에게 적립식 펀드를 추천합니다.

"펀드는 위험하지 않나요?"

펀드는 기본적으로 원금이 보장되지 않는 상품입니다. 그 때문에 무조건 원금보장이 되어야 하고 안전한 것을 선호하는 사람에겐 펀드 투자가 적합하지 않습니다. 성향은 위험 중립형, 적극 투자형, 공격 투자형 성향의 분들에게 추천해 드립니다. 하지만 펀드도 다 같지는 않습니다. 내 성향에 따라 여러 펀드 중 나에게 맞는 펀드를 선택할 수 있기 때문입니다. 그 때문에 나의 성향에 맞고 나에게 적합한 스타일의 펀드를 찾아 꾸준히 투자한다면 즐겁게 펀드 투자를 할 수 있습니다.

"펀드가 너무 많아서 어떤 걸 선택해야 할지 모르겠어요."

먼저 앞서 말한 나의 투자자 성향을 파악하는 것이 중요합니다. 내 성향에 따라 적합한 펀드들이 있습니다. 나를 먼저 알고 나에게 알맞은 펀드를 선택하는 것이 중요합니다.

펀드도 성향에 따라 펀드의 종류와 등급이 있습니다.

펀드의 종류

펀드는 투자자산을 어디에 투자하느냐에 따라 크게 세 가지로 나눌 수 있습니다. 주식형 펀드, 채권형 펀드, 혼합형 펀드입니다.

주식형 펀드는, 투자신탁 재산 자산총액의 60% 이상을 주식으로 운용하는 상품입니다. 적극 투자형, 공격 투자형 성향의 사람에게 적합합니다.

혼합형 펀드는, 주식과 채권을 혼합하여 구성하는 펀드입니다. 종류는 주식혼합형과 채권혼합형으로 나뉩니다. 주식혼합형은 주식과 채권 둘 다 투자하는 펀드로 주식에 더 많은 비율로 투자되는 펀드입니다.

채권혼합형 펀드는, 주식과 채권 둘 다 투자하지만 채권에 더 많이 투자하는 펀드입니다. 위험 중립형, 적극 투자형 성향에 적합합니다.

채권형 펀드는, 투자신탁 재산 자산총액의 60% 이상을 채권으로 운용하는 상품입니다. 안정 추구형, 위험 중립형 사람에게 적합합니다.

펀드의 위험등급

펀드는 어떤 자산에 투자되느냐에 따라, 그리고 수익률 변동성에 따라 1~6등급으로 나뉩니다. 1단계 매우 높은 위험, 2단계 높은 위험, 3단계 다소 높은 위험, 4단계 보통 위험, 5단계 낮은 위험, 6단계 매우 낮은 위험으로 분류됩니다. 가입하려는 펀드의 투자 설명서를 보면 펀드의 위험등급이 몇 등급인지 알 수 있습니다.

펀드가 만들어진 지 3년이 안 된 펀드는 어떤 자산에 투자되느냐에 따라 위험등급을 나눕니다. 1~2등급은 파생상품, 레버리지, 주식형에 투자됩니다. 3등급은 주식, 주식혼합형에 투자합니다. 4등급은 채권, 채권혼합형에 투자합니다. 5등급은 채권형 상품입니다. 6등급은 MMF 펀드로 국공채에 투자하는 펀드입니다.

설정 후 3년 이상 된 펀드는 실제 수익률 변동성에 따라 위험등급이 결정됩니다. 1등급은 수익률 변동성 25% 이상, 2등급은 25% 이하, 3등급은 15% 이하, 4등급은 10% 이하, 5등급은 5% 이하, 6등급은 0.5% 이하입니다. 설정 후 3년이 지나면 실제 수익률의 변동성을 가지고 위험등급이 결정되기 때문에 한해마다 성과에 따라서 위험등급이 바뀌게 됩니다.

따라서 내가 어떤 성향인지 파악하고 어떤 종류의 펀드에 몇 등급의 펀드를 선택할지 범위를 정하고 그 안에서 펀드를 고르는 것을 추천합니다. 최근 중국 펀드가 인기더라, 베트남 펀드가 좋다더라 하는 주위의 말을 듣고 덜컥 가입했다간 마이너스의 수익률을 보고 속 쓰린 마음으로 펀드를 환매할 수가 있습니다. 따라서 자신만의 기준을 정하고 그 안에서 몇 가지 펀드를 고른 뒤 10만 원씩 가입해보고 수익률변동 추이를 지켜본 뒤 자동이체를 설정하는 것을 추천합니다.

좋은 펀드 고르는 법

앞서 펀드의 종류와 위험등급에 대해 알아보았습니다. 그렇다면 나의 성향에 맞춰서 내가 공격 투자형 성향이라면 주식형 펀드 중 1,

2등급으로 알아볼 것입니다. 그런데, 펀드 종류가 너무 많습니다. 이 중에 좋은 펀드를 고르면 어떻게 해야 할까요?

펀드를 고를 때 저는 펀드의 성과 분석, 위험 분석, 포트폴리오 분석을 봅니다.

① 성과 분석

성과분석을 할 때는 펀드의 설정일 이후 수익률을 봅니다. 과거 수익률이 높았다고 미래 수익률을 보장하지는 않지만 꾸준한 수익률을 냈다면 앞으로도 그럴 확률이 높습니다. 과거 공부 잘했던 아이가 미래에도 잘할 가능성이 큰 것처럼 말입니다. 인터넷뱅킹으로도 펀드 수익률을 자세히 조회할 수 있습니다. 인터넷뱅킹에서 펀드 개별상품을 클릭해서 들어가 보세요. 상품 개요를 조회해보면 과거 경력 수익률 순위도 조회할 수 있습니다. 또한, 1개월, 1년, 3년, 5년 수익률을 조회할 수도 있습니다. 또한 성과 분석에 들어가면 기간 누적성과를 자세히 볼 수 있고 연도별 성과도 볼 수 있습니다. 연도별로 꾸준히 수익이 나는 펀드인지 점검해 볼 수 있습니다.

이외에 수익을 나타내는 보조 지표인 샤프지수, 젠센의 알파지수, IR를 점검합니다.

샤프지수는, 위험 한 단위당(무위험보다) 초과해 올린 수익이 얼마인지 나타내는 지수입니다. 즉 펀드의 위험대비 수익률 수준입니다.

높을수록 우수하다고 말할 수 있습니다.

젠센의 알파지수는, 펀드매니저가 종목을 얼마나 잘 선택해서 운용했는가를 나타내는 평가 척도입니다. 젠센의 알파가 높을수록 좋다고 할 수 있습니다.

정보 비율(IR)은, 벤치마크 초과 위험 한 단위당 얼마만큼 초과 수익률을 올렸는지 나타내는 수치입니다. 정보 비율이 높을수록 펀드 성과가 우수함을 의미합니다.

② 위험 분석

위험분석은 이 펀드가 시장 상황이 안 좋았을 때 얼마나 출렁이는지 수익률이 얼마나 빠지는지를 나타내줍니다. 시장 상황이 안 좋을 때 안정적으로 수익을 내는지 궁금하다면 과거 수익률 중 시장 상황이 안 좋았던 해에 수익률이 얼마나 났는지 점검합니다. 인터넷뱅킹에 통해 연도별 수익률 중 시장이 안 좋았던 해의 수익률을 점검해볼 수 있습니다.

이외에도 표준편차, 베타를 살펴봅니다.

표준편차는, 펀드의 절대적인 위험 수준을 나타내는 척도입니다. 표준편차가 높을수록 펀드 수익률의 변동성이 높다고 할 수 있습니다.

베타는, 기간수익률인 비교지수와 펀드 수익률 간의 상대적인 성과를 나타내는 지표입니다. 베타가 낮다(1보다 작은 경우)는 것은 비교지수 대비 적게 등락하므로 방어력 있음을 의미하고, 베타가 높다(1

보다 큰 경우)는 것은 상승장에서 비교지수보다 더 많이 상승할 수 있지만, 하락 시 하락 폭 역시 큼을 의미합니다.

위험분석과 성과분석에 관한 지표는 인터넷뱅킹에 개별 펀드를 클릭하면 위험분석과 성과분석에 대한 데이터가 나옵니다. 참고로 핸드폰으로 보는 스마트뱅킹 상에서는 자세히 나오지 않음으로 PC 상의 인터넷뱅킹에서 확인하시길 바랍니다.

③ 포트폴리오 분석

이 펀드에 어떤 자산이 투자되는지, 어느 나라에 몇 퍼센트 투자되는지, 어떤 회사에 투자되는지 분석합니다. 앞으로 유망하다고 생각되는 자산이나 회사 비중이 크면 투자가 적절하다고 판단합니다. 앞으로 미래의 산업이 어떻게 될지 어떤 자산이 유망할지 생각해서 투자하는 것입니다. 포트폴리오 역시 인터넷뱅킹 상에서 상품정보와 포트폴리오 현황에서 확인할 수 있습니다.

수익률 높은 펀드의 비결

은행에서 근무하다 보니 저 또한 펀드 수익률에 대한 고민이 생겼습니다. 시황에 따라 유행에 따라 펀드 수익률이 그때그때 달랐기 때문입니다. 어떤 해에는 중국펀드 수익률이 높았고, 다음 해에는 미국펀드 수익률이 높았습니다. 그럼 기존 중국펀드는 수익률이 떨어져서 기존 고객들은 왜 이 펀드를 가입시켰냐며 안 좋은 펀드를 가입시켰다고 화를 내기도 합니다. 대부분 단기간에 높은 수익률을 얻길 원했고 저 또한 그 바람을 충족해드리고 싶었습니다. 그 뒤로 최고의 수익률을 만들기 위해 시황을 파악하고 수익률 높은 펀드에 가입해드렸다가 수익이 나면 환매해드리고, 다시 수익률 높은 펀드에 가입해드리고를 반복했습니다. 고객과 저 모두 단기적인 시점에서 투자하게 된 것입니다. 하지만 이 방법은 한계가 있었습니다. 펀드 수익률이 항상 시황에 따라 움직이지 않았고 예상치 못한 정치적 상황에도 영향을 받았습니다.

어떻게 하면 계속 높은 수익률을 꾸준히 낼 수 있을까 고민하고 있을 때 눈에 들어온 것은 장기간 투자하고 있는 고객들의 펀드 계좌였습니다. 고객의 업무를 처리해드리기 위해 계좌 현황을 조회 요청하여 보게 되는데 수익률이 30~50%이거나 어떨 때는 100%에 가까운 고객도 있었습니다. 이 계좌들의 공통점은 5~10년을 꾸준히 적금처럼 금액을 입금한 장기적립식 펀드 계좌들이었습니다.

상품은 한 상품이 아니었습니다. 국내 삼성그룹에 투자하는 펀드, 미국 주요 기업들에 투자하는 펀드, 글로벌 주식에 투자하는 펀드 등 특정 상품이 아닌 다양한 상품들이었습니다. 핵심은 어떤 투자처를 선택하느냐가 아닌 얼마나 장기간을 꾸준히 투자하느냐에 있었던 것입니다. 종합해볼 때 국내 삼성그룹에 투자하는 펀드는 5년 된 펀드가 수익률이 약 34%였습니다. 미국 주요 기업에 투자하는 펀드는 5

년 된 펀드는 수익률이 약 96%였습니다. 해외 채권 펀드 또한 5년 수익률이 약 25%였습니다.

저 또한 얻게 된 데이터를 통해 몇 개의 펀드에 가입해 적립식으로 투자하고 있고, 현재 약 30%의 수익률을 내고 있습니다. 주식이 크게 떨어지고 오를 때가 있습니다. 이럴 때 크게 불안하거나 흔들리지 않습니다. 매달 적립식으로 자동이체 되기 때문에 펀드의 수익률에는 큰 변동이 없습니다. 떨어지더라도 다시 주식이 오르면 수익률이 회복됩니다.

시장에 따라 흔들리는 투자보다는 마음 편한 투자가 좋습니다. 매일 주식시장을 보며 스트레스받고 일희일비하지 말아야 합니다. 내 할 일을 하면서 꾸준한 투자로 자산이 불리는 것이 즐거운 투자라고 생각합니다.

처음 시작할 때는 소액으로 시작해보세요. 펀드 최소 가입금액은 10만 원입니다. 일단 은행에 가서 추천펀드 상품 리스트를 살펴보고 그 펀드들의 수익률 추이를 확인해보세요. 6개월, 1년, 3년, 5년 펀드의 수익률을 확인해보세요. 꾸준히 수익률이 좋은 펀드가 있을 것입니다. 2018년에는 펀드 수익률이 전체적으로 좋지 않았는데 이때 수익률이 어땠는지 확인해보는 것도 효과적입니다. 즉 시장이 안 좋을 때도 크게 빠지지 않는 펀드라면 꾸준히 성과를 낼 확률이 높습니다.

저는 10만 원으로 관심 있는 펀드에 몇 개 가입한 뒤 수익률이 꾸준히 나는 펀드에 금액을 더 넣어 자동이체합니다. 10만 원으로 가입해서 지켜본 뒤 수익이 나는 펀드에 꾸준히 장기간 투자해보세요. 아마 천만 원을 만드는 길을 더 빠르게 인도해 줄 것입니다.

높은 수익을 기록한 펀드의 공통점

펀드를 권유하는 이유

"펀드 상담하러 왔습니다."

일반 창구 고객님들 중 펀드에 관심이 많고 펀드 전반에 관해 설명을 듣고 싶으신 분들은 VIP실로 안내되어 펀드 상담 자격증이 있는 직원에게 상담을 받게 됩니다. 저 또한 VIP 고객뿐 아니라 펀드에 관심이 많고 펀드가 처음인 고객들의 상담도 도와드렸습니다.

"어서 오세요, 기간과 금액은 어느 정도 생각하시나요? 관심 있는 펀드는 따로 있으신가요?"

먼저 기간과 금액을 여쭤봅니다. 그리고 특별히 관심 있는 분야에 대해서 여쭤봅니다. 기간과 목적에 따라 가입해드리는 종류가 다르고 금액에 따라 분산을 해드리기 위해서입니다.

"기간은 장기간 5년~10년 꾸준히 적립식으로 생각하고 있어요. 매월 50만 원 정도요. 펀드는 처음이어서 어떤 게 좋은지 모르겠네요. 추천해주실 펀드가 있나요?"

최근 장기간 적립식 투자를 생각하시고 오시는 분들이 많이 있습니다. 적금처럼 장기간 적립식으로 투자하는 습관은 매우 좋은 재테크 방법입니다. 지금까지 10년 넘게 근무하며 지켜본 바로는 높은 수익률을 기록한 펀드들이 대부분 장기적립식이었기 때문입니다.

10%, 20% 심지어 50~100% 이상 수익이 난 펀드들은 적립식으로 장기간 투자한 펀드들이었습니다. 국내 우량대형주 펀드나 미국 우량주 펀드, 그리고 비교적 안정적인 해외 채권 펀드들도 두 자릿수의 수익률을 기록하곤 했습니다. 그리고 또 다른 큰 장점 중 하나는 흔들리지 않는 투자가 가능하다는 점입니다. 경제 위기가 와도, 시장 상황이 안 좋아도 매월 투자하기 때문에 수익률이 떨어져도 금방 회복되곤 합니다. 그리고 크게 영향을 받지 않습니다.

주식투자가 위험한 이유는 우리가 잘 모르는 회사에 투자하거나 큰 금액을 한 번에 투자해서 일희일비하기 때문입니다. 소문만 믿고 잘 모르는 회사에 투자했다가 회사가 망하면 투자금을 대부분 잃을 수 있습니다. 큰 금액을 한 번에 투자할 경우 경기가 좋아질 때까지 마이너스의 수익률을 보며 초조해지고 스트레스를 받을 수 있습니다.

하지만 매월 꾸준히 납입할 경우 투자 위험을 줄일 수 있습니다. 가격이 높게 형성되어있을 때 한번에 투자를 많이 하게 되면, 시장이 하락할 경우 바로 마이너스 수익이 나게 됩니다. 반면 적립식으로 투자하면 시장 가격이 하락했을 때 매수한 가격으로 마이너스 금액이 상쇄되어 수익률이 회복될 수 있습니다.

펀드는 주식과 달리 우량주에 분산 투자되기 때문에 한 회사가 상장 폐지되거나 실적이 안 좋아지는 위험을 줄일 수 있습니다. 장기간 투자가 좋은 이유는 누구도 시장과 주가를 정확하게 예측할 수 없기 때문입니다. 시장은 떨어지다가 반등하고 기다리다 보면 이익을 거두기도 합니다. 하지만 누구도 정확한 시점을 알 수 없어서 장기적으로 투자해야 합니다.

펀드에 가입하는 절차

"먼저 투자자 성향 분석을 해드리겠습니다."

펀드의 종류는 무척 많습니다. 그중 어떤 펀드가 제일 좋다고 말하기는 힘듭니다. 수익률이 좋은 펀드 순위는 자주 바뀝니다. 어떤 분기에는 중국펀드 수익률이 높았다가 다음 분기에는 베트남펀드의 수익률이 높고 그다음에는 미국펀드 수익률이 높은 식으로 수익률은 시기마다 달라집니다. 영원한 일등도, 영원한 꼴찌도 없습니다. 그 때문에 나의 성향에 맞는 펀드가 가장 좋은 펀드입니다. 내 스타일에 맞고 나에게 적합한 펀드가 가장 좋은 펀드라고 할 수 있습니다.

"고객님은 공격 투자형으로 1등급~6등급 펀드 모두 투자할 수 있으십니다."

공격 투자형 성향일 경우 모든 펀드 상품 투자가 가능합니다. 펀드는 변동성 기준과 투자대상 자산을 기준으로 6등급 체계로 나뉩니다. 즉 얼마나 크게 변동하는지, 어떤 자산에 투자되는지에 따라 매우 높은 위험인 1등급부터 매우 낮은 위험인 6등급으로 나뉘게 됩니다. 앞서 말씀드렸듯이 안정형 성향은 소비자 보호법에 따라 높은 위험 등급에는 투자하실 수 없습니다.

"펀드는 분산해서 가입하시길 추천해 드립니다."

펀드는 10만 원부터 가입 가능합니다. 50만 원일 경우 2~3가지로 다른 펀드를 가입할 수 있습니다. 펀드 투자가 처음이라면 선진국의 우량기업에 투자하는 펀드를 추천해 드립니다. 같은 1등급의 펀드여도 선진국은 신흥국보다 변동성이 적으면서 꾸준히 높은 수익률을 기록했습니다. 과거 수익률이 미래를 보장하진 않지만, 과거 수익률을 참고해보면 좋습니다. 5년 펀드 수익률과 펀드가 판매된 이후 누적 수익률을 점검해보면 꾸준히 수익이 난 펀드인지 알 수 있습니다.

5년 이상 됐을 경우 회복~침체의 경제 사이클을 거쳤기 때문에 꾸준히 수익이 났는지 참고해볼 수 있습니다.

처음이라면 배당주 펀드 또한 추천해 드립니다. 배당주 펀드의 목표는 배당 성향이 높은 종목에 장기적으로 투자하는 것입니다. 기업이 배당하려면 꾸준히 성장해야 합니다. 배당펀드는 배당금으로 다시 재투자됩니다. 상대적으로 변동성이 적고 안정적으로 투자할 수 있습니다.

채권 펀드 또한 추천해 드립니다. 채권형 펀드는 여러 개의 채권에 투자하기 때문에 특정 채권의 부도 위험을 분산시킵니다. 또한, 자본소득이 떨어지더라도 꾸준한 이자가 발생하기 때문에 자본소득의 하락 가치를 상쇄시킬 수 있습니다. 꾸준한 이자소득과 복리 효과를 원하시면 적합합니다.

이렇게 다른 성격의 펀드들에 분산해서 투자하면 변동성이 적으면서 꾸준히 수익을 내는 투자를 할 수 있습니다.

"10만 원으로 5년 펀드에 넣으면 경우 얼마 정도 되나요?"

미래 수익률은 예측하기 어렵습니다. 그리고 얼마가 될 거라고 확신하는 건 굉장히 위험합니다. 그 때문에 과거의 데이터로 말씀드리겠습니다.

과거 미국 우량주에 투자하는 대표적인 펀드의 경우 10만 원으로 매월 적립했을 때 5년 후 수익률은 (2015.10.23.~ 2020.11.25일 기준) 원금 6,000,000원이고 평가금액 11,633,077원입니다. 수익률은 93.88%입니다. 5년 동안 매월 10만 원으로 1천만 원 만들기가 가능합니다. 참고로 같은 기간 2.5% 적금에 가입했을 경우 이자 포함 6,322,537원입니다. 높은 수익률을 원한다면 적금과 더불어 펀드에 투자하시는 것도 좋은 재테크 방법입니다.

내 집 마련의 꿈, 청약통장으로 시작하기

내 집 마련, 어떻게 해야 할까요?

'서울에 집이 이렇게 많은데 내 집은 하나도 없다'라는 웃픈 말이 있습니다. 그만큼 부동산 시장은 뜨겁지만, 진입장벽은 쉽지 않다는 이야기이기도 합니다. 1980년부터 2020년까지 40년 동안 쌀가격은 3.2배 상승했지만, 서울 강남의 한 아파트 가격은 84배 올랐다고 합니다. 가격은 천정부지로 솟고 내 집 없이 매월 월세를 내자니 아깝습니다. 전세금도 내 연봉이 오르는 것보다 더 많이 오르는 것 같이 느껴집니다. 그렇다고 주택을 구매하자니 너무 비싸기만 합니다. 신규 주택을 비교적 싼 가격에 살 수는 없을까요?

이럴 땐 아파트 청약을 통해 내 집 마련을 하는 것이 방법이 될 수 있습니다. '아파트 청약되기가 로또 되는 것이다'라는 말이 나올 정도로 청약에 당첨되면 장점이 많습니다. 무엇보다 신규 아파트를 주변 시세보다 저렴하게 살 수 있는 것이 청약의 장점입니다.

아파트 청약에는 청약통장이 필수

"찬이 엄마, 나 청약할 수 있는지 봐줄래요?"

어느 날, 급하게 아이 친구 엄마에게서 전화가 걸려왔습니다. 관심 있는 지역의 청약 모집 공고가 올라왔는데 청약을 하고 싶다고 말입니다. 무주택 세대였고 서울 거주지역에 청약하는 것이어서 청약요건은 갖추어져 있었습니다. 그런데 중요한 한 가지 때문에 청약할 수 없었습니다. 바로 '청약통장'이 없었습니다.

"청약통장이 없어서, 청약할 수가 없어요."

청약통장이 없어서 청약할 수 없다는 말에 친구 엄마는 매우 안타까워했습니다. 무주택 자격도 되고 청약을 준비하고 있었는데 정작 청약통장이 없어서 청약을 못 했기 때문입니다.

"지금 가입하면 안 될까요?"

안타깝게도 청약통장은 청약공고일 전에 신규 가입이 되어있어야 하고, 가입한 지 일정 기간 이상이 지나있어야 합니다. 즉 이번의 청약공고에는 청약할 수 없고, 앞으로 청약할 계획이 있다면 1순위 자격은 서울을 기준으로 2년이 지나야 합니다.

"가입 금액은 얼마부터예요?"

금액은 2만 원부터 가입할 수 있습니다. 그런데 2만 원 넣고 2년만 지나면 되는 건 아닙니다. SH공사에서 청약하는 국민주택은 24회 납입을 해야 1순위가 됩니다. 그러니까 최소 매월 2만 원씩 2년 납입하면 1순위가 됩니다. 회차별 10만 원까지 금액인정을 해주기 때문에 가능하면 매월 10만 원씩 계속 납입을 하면 좋습니다. 청약통장 납입 기간이 길수록 국민주택의 경우 가점이 생기기 때문입니다.

민영주택은 조금 다릅니다. 민영주택은 민간건설사에서 분양하는 아파트라고 생각하면 됩니다. 힐스테이트나 자이 등이 민영아파트라고 할 수 있습니다. 내가 청약하고자 하는 평형별로 예치금액이 입금되어있어야 합니다. 모든 면적을 하고 싶다면 1,500만 원이 입금되어 있으면 가능합니다. 최소 금액은 서울의 경우 300만 원입니다. 횟수와 관계없이 2년이 지났을 때 1,500만 원이 있으면 모든 평수의 민영아파트 청약이 가능합니다.

국민주택과 민영주택 모두 청약하고 싶다면 2년 이상 꾸준히 납입하고 300만 원 이상 예치되어있으면 청약 자격이 되는 것입니다.

"청약 안 할 거면 필요 없는 통장 아닌가요?"

청약통장은 만기는 없고 원할 때 언제든지 해지 가능하며 1개월만 넣어도 이자를 줍니다. 요건이 충족되면 소득공제도 받을 수 있고 가지고만 있어도 환전 시 환율 우대가 자동 적용되며 예금 금리가 오를 시에 저절로 반영해줍니다. 게다가 자유롭게 입금도 가능하기 때문에 종종 외국인 거주자 고객 중에도 청약목적이 아니라 이자와 환율 우대의 목적으로 청약통장에 가입합니다.

금리는 1개월 초과~1년 미만 연 1%, 1년 이상~2년 미만 연 1.5%, 2년 이상 연 1.8%가 적용됩니다. (2021.8.21 기준, 변동금리) 때문에 청약이 되지 않아 해지하더라도 적금에 상응하는 이자를 받을 수 있습니다.

"청약되기 어렵지 않아요? 청약 안 할 것 같은데…."

몇 해 전 남편의 친구 가족은 마곡지구 청약에 당첨되어 신규 아파트를 분양받았습니다. 앞서 말한 아이 친구 엄마와 같은 연령대인데 청약통장으로 인해 두 가족의 내 집 마련 여부가 갈렸습니다. 물론 가점제 항목도 있지만 내 집 마련 할 수 있는 기회의 시작은 청약통장이었습니다.

청약통장의 다양한 기능

주택청약종합저축은 2009년에 청약 저축, 예금, 부금이 통합되었습니다. 즉 국민, 민영주택 모두 다 청약이 가능한 상품입니다. 국민주택 1순위 자격은 투기과열지구의 경우 2년이 지나야 하고 24회 이상 납부되어야 합니다. 민영아파트의 경우 2년이 지나야 하고 평형에 따른 예치 금액이 있어야 합니다. 민영아파트의 경우 1,500만 원이 있으면 모든 평형이 청약 가능합니다.

가입 최소 금액은 2만 원입니다. 국민주택의 경우 매월 10만 원까지 최대 인정해줍니다. 즉 10만 원 이상 넣은 경우도 10만 원을 최대 인정금액으로 봅니다. 같은 횟수라면 2만 원보다 10만 원 넣은 사람이 유리할 수 있어서 국민주택을 목표로 한다면 매월 10만 원씩 꾸준히 납입하는 것을 추천합니다.

총급여 7천만 원 이하 무주택 세대주라면 소득공제도 받을 수 있습니다. 최고 240만 원까지 납입 금액의 40%를 받을 수 있습니다. 단, 가입 후 5년 이내 해지하면 소득공제 받은 것이 추징되니 유의해야 합니다.

청약이 안 될 것 같아 가입을 망설이는 것보단 일단 가입하고 어떻게 하면 청약이 될지 고민하는 게 내 집 마련을 더 빠르게 할 수 있는 길입니다. 가입 금액도 최소 월 2만 원부터라 부담도 없고 언제든지 해지도 가능합니다. 심지어 1개월만 넣어도 이자를 줍니다. 안 할 이유가 없습니다.

내 집이 주는 안정감은 큽니다. 전세 계약일이 다가올 때마다 옮겨야 하는 건 아닌지 불안해하지 않아도 되고 집도 내 마음대로 꾸밀 수 있습니다. 2년마다 오르는 전세금 걱정을 안 해도 됩니다. 그리고 내 집이라는 생각이 들면 공간에 대한 애정도 생깁니다.

기존 집들은 너무 가격이 올라 비싸고 오래된 아파트라 싫다면 청약통장으로 신규 분양에 도전해보세요. 요즘 청약이 하늘의 별 따기라고 하지만 청약통장에 꾸준히 금액을 넣고 관심 지역에 계속 청약하다 보면 가능성이 열릴 것입니다.

이자에 세금이 나온다고요?

"이자에 세금을 이렇게 많이 떼나요?"

만기 때 적금 해지하러 오신 고객의 해지 업무를 도와드리고 영수증을 드리면 "이자에 세금이 나와요?", "얼마 안 되는데 세금을 떼나요?" 하는 말을 종종 듣습니다. 적금 같은 경우 사실 이자가 생각보다 많지 않은데 세금까지 떼니 더 적어 보입니다.

이자 소득세율은 지방세 포함 시 이자에 대해 15.4%의 세금이 있습니다. 백만 원 1년 적금에 가입했을 때 2.5% 이율을 가정하면 이자가 162,500원이고 세금을 제외하여 내가 받게 되는 이자는 137,475원입니다. 즉 세금이 25,025원 나오는 것입니다. 정기예금 1천만 원 예금했을 때 2% 연이율을 가정할 경우 세전 이자는 200,000원이고 세금은 30,800원입니다. 세금 떼고 세후 이자는 169,200원을 받습니다.

앞서 말했듯 적금은 이자 때문에 하는 게 아니라 종잣돈 모으기가 목적이므로 세금이 나오는 것이 아깝다고 적금을 포기하면 안 됩니다.

하지만 이자에 나오는 예상치 못한 세금, 아끼는 방법은 없을까요?

세금 없이 이자 받는 통장, ISA

세금이 비과세 적용되는 적금이 있습니다. 소득이 있는 사람을 대상으로 하는 ISA 상품입니다. ISA란 Individual Savings Account의 약자로 '개인종합자산관리계좌'라고도 합니다. 즉 ISA 계좌에 적금뿐만 아니라 원하면 예금, 펀드, 파생결합증권 등 다양한 상품을 선택하여 포트폴리오를 구성하고 통합 관리할 수 있는 계좌입니다. 앞서 말한 나만의 포트폴리오를 각각 계좌를 만들어서 하지 않아도 비과세되는 ISA를 통해 나만의 자산관리 포트폴리오를 만들 수 있습니다.

납입 한도는 총 1억 원이고 의무 가입 기간은 3년, 이자 200만 원까지 비과세가 적용됩니다. 단, 직전 과세기간 급여가 5,000만 원 이하 근로자일 경우 이자 400만 원까지 비과세가 적용 됩니다. (2021. 1. 18 기준) 단기간에 필요한 목적자금이 아닐 경우 이왕이면 비과세 통장을 만들어서 종잣돈 모으기를 달성하면 효과적입니다. 단, 중도에 해지하면 비과세 혜택을 받을 수 없으니 해지하기 전에 다시 한번 생각해 보는 게 좋습니다.

2021년 전에는 소득이 있는 사람만 가입 가능했지만 이제는 만 19

세 이상이면 소득이 없어도 누구나 가입 가능합니다. 또한, 만 15세 이상 19세 미만이더라도 소득이 있으면 가입 가능합니다. 기존과 달리 누구나 비과세 통장을 만들 수 있게 되었습니다. ISA 통장은 이자에 대한 비과세 혜택과 저축은행 예금 금리를 적용받을 수 있습니다.

실제로 여의도지역 근무 당시 퇴직 예정인 회사원 고객이 있었습니다. 퇴직하기 전에 상품상담을 했었는데 그중 일부는 ISA를 권해드리고 ISA 예금에 가입해드렸습니다. 연 2천만 원까지는 ISA 예금으로 가입해서 저축은행 금리를 적용받고 비과세 혜택을 받을 수 있어 만족해하셨습니다.

ISA 통장으로 종잣돈 만들기

한 고객은 ISA 계좌로 5년 동안 5천만 원 만들기를 목표로 가입했습니다. 비과세 혜택을 누리며 의무가입기간이 5년이니(2019년 당시) 목표를 크게 설정해 강제저축을 하겠다고 했습니다. 꾸준히 납부 중이고 만기가 되면 5천만 원 목돈이 생길 것입니다. ISA를 가입해 자신의 목표금액을 정하고 비과세 혜택을 활용하여 강제저축해서 종잣돈 모으기를 실천하는 것입니다. 종잣돈 모으기의 목표를 설정했다면 ISA 계좌는 비과세의 혜택과 가입 기간의 강제성으로 실천을 도와주는 도구입니다.

"우리는 원하는 행동을 이끌어낼 환경을 조성할 수 있다. 이를 위한 효과적인 방법은 강제기능을 도입하는 것이다. 강제기능이란

말 그대로 자신이 의도한 대로 행동하고 성취하도록 강요하는 상
황을 자신에게 제공하는 것이다."

—《최고의 변화는 어디서 시작되는가》 벤저민 하디

처음에 강제기능을 설정하고 시스템화하면 자신에게 더 많은 선택
지와 자유를 줄 수 있습니다. 벤저민 하디는 자신의 저서에서 강제
기능의 예로 스마트폰을 차에 두고 내리는 것을 강제함으로써 가족
과 함께 하는 자유를 확보할 수 있다고 했습니다. 그것처럼 저축이라
는 강제 기능을 설정하면 종잣돈이라는 선택지를 나에게 제공할 수
있습니다.

목표가 있다면 그 과정을 구체적으로 정하고 환경을 만들어야 합니
다. 즉 시스템화해서 목표를 저절로 달성할 수 있도록 만들어야 합
니다. 종잣돈 모으기에 대해 여러 가지 강제 기능을 도입해봅시다.
앞서 말한 정기적금으로 자동이체 방법도 있습니다. 한발 더 나아가
ISA로 정기적금에 가입하고 나만의 포트폴리오를 구축한다면 더 효
과적일 것입니다.

ISA는 최소 3년 가입 기간을 강제합니다. 이를 통해 비과세 혜택을
줍니다. 대신 상품 안에 펀드, 저축은행 적금, 저축은행 예금 등 다
양한 상품에 가입할 수 있도록 설정해놓음으로써 중도해지를 하지
않아도 다양한 상품으로 변경할 수 있도록 선택권을 줍니다.

설령 급한 일이 생겨 ISA 적금이나 예금의 중도해지를 원할 경우

비과세 혜택은 적용되지 않지만, 해지할 수 있습니다. 단 운용상품별 신탁보수가 있으므로(예금, 적금 연 0.1%~ ELS 연 0.6%) 신탁보수를 제외하고 원금이 손실되지 않는지 확인해봐야 합니다. 원금 범위 내에선 중도인출이 가능하므로 굳이 해지하지 않아도 계좌를 유지할 수 있는 장점도 있습니다.

ISA에서는 가입 은행 상품이 아닌 다른 금융기관 적금에도 가입할 수 있습니다. 특판 예금이나 우대금리로 당행 적금이나 예금이 이율이 높은 경우가 아니라면, 이자가 높은 제2금융권인 저축은행 적금에도 가입할 수 있는 것입니다. 제2금융권이라도 5천만 원까지 예금자 보호가 되니 크게 불안해하지 않아도 됩니다.

만일 매년 정기예금을 매년 재예치하고 있다면 ISA 정기예금을 활용해보세요. 3년의 가입기간 동안 자동으로 재예치 되기 때문에 매년 다시 가입해야 하는 번거로움도 없어 더욱더 좋습니다.

ISA 통장의 이름처럼 통장을 나만의 자산관리 계좌로 이용하는 것도 좋습니다. 즉 개인종합자산관리계좌로 활용하는 것입니다. 먼저 시작은 ISA 저축은행 적금으로 시작해보세요. ISA 내에서 1년 적금에 가입하는 것입니다.

그리고 그 적금이 만기 되면 만기 된 자금을 저축은행 예금으로 전환하고 다시 적금에 가입하는 것입니다. 투자상품에 관심이 있으면 채권이나 주식형 펀드 또한 10만 원부터 시작하면서 나만의 포트폴리오를 만들어갈 수 있습니다. 만기 된 적금을 다시 예금으로 전환하고 3년까지 돈을 모으면서 비과세 혜택을 받으며 종잣돈 만들기를 실천할 수 있는 통장입니다.

은행에 가서 ISA 통장을 개설해보세요. 예금성 상품(시중은행/저축은행 예, 적금), 펀드 등을 ISA 안에서 운용 가능합니다. 이왕 적금을 시작할 거라면 절세되는 ISA 상품 적금으로 가입해서 절세와 종잣돈 마련을 동시에 이루세요.

좋은 펀드 고르는 법

1. 성과 분석

- 펀드의 설정일 이후 수익률을 본다
- 샤프지수, 젠센의 알파 지수, 정보 비율(IR)이 높은지 본다

   ※ 샤프지수: 위험 한 단위당(무위험보다) 초과해 올린 수익이 얼마인지 나타내는 지수

   ※ 젠센의 알파 지수: 펀드매니저가 종목을 얼마나 잘 선택해서 운용했는가를 나타내는 평가 척도

   ※ 정보 비율(IR): 벤치마크 초과 위험 한 단위당 얼마만큼 초과 수익률을 올렸는지 나타내는 수치

2. 위험 분석

- 과거 수익률 중 시장 상황이 안 좋았던 해에 수익률이 얼마나 났는지 점검한다
- 표준 편차가 낮은지 확인한다

   ※ 표준 편차: 펀드의 절대적인 위험 수준을 나타내는 척도

- 베타 지수가 1보다 작은지 큰지 확인한다

   ※ 베타: 기간 수익률인 비교지수와 펀드 수익률 간의 상대적인 성과를 나타내는 지표

3. 포트폴리오 분석

이 펀드에 어떤 자산이 투자되는지, 어느 나라에 몇 퍼센트 투자되는지, 어떤 회사에 투자되는지 분석한다

6장

3년 만에 1억 만들기

위기 때 주목할 달러와 금

금융 위기에 강한 달러와 금 투자

"이렇게 투자하다가 금융위기 오면 어떻게 하나요?"

"금융 위기 올까 봐 투자는 못 하겠어요."

"곧 금융 위기가 올 것 같아요."

펀드나 투자상품을 설명해드리다 보면 이런 이야기를 많이 듣습니다. 2008년 미국발 서브프라임 사태로 금융 위기가 온 것처럼 세계 경제는 이제 밀접하게 연관되어 있습니다. 세계 경제에 문제가 생긴다면 금융 위기가 올 수 있습니다. 하지만 전문가들도 금융위기가 언제 올지 정확히 예측하기는 힘들다고 말합니다. 금융 위기가 올까 불안하다고 투자를 하지 말아야 할까요? 금융위기가 많이 걱정된다면 위기를 기회로 삼는 투자 방법이 있습니다. 바로 달러와 금입니다.

달러는 IMF가 오기 전인 97년 외환위기 직전에 800~900원대였습니다. 하지만 외환위기가 오며 2,000원 가까이 폭등했습니다. 이후 차츰 하락하여 98년 말에는 1,200원 전후로 안정되었습니다.

2008년 금융 위기 전 환율은 1,000~1,100원대였다가 금융 위기가 현실화되자 1,500원~1,600원 대로 올랐습니다.

금 역시 2008년~2011년 동안 온스당 800달러에서 1,900달러까지 상승했습니다. 금은 경기 침체기에 높은 수익률을 보였습니다.

2019년 투자 전문가 레이 달리오는 향후 최고 투자처로 금을 꼽았습니다. 또한, 미국 유명 투자 전문가인 마크 모비우스도 중앙은행들의 완화적 통화정책과 가상화폐 출현으로 인해 금 가격이 장기적으로 계속 상승할 것으로 전망했습니다. 마크 모비우스는 2008년 금융 위기에서 30% 이상 수익을 내는 등 위기에 강한 대표적 투자계의 원로입니다.

그렇다면 금과 달러는 어떻게 투자해야 할까요? 한 번에 많은 금액을 투자하지 않아도 됩니다. 그리고 그렇게 투자하는 건 가격 변동성이 크기 때문에 권하지 않습니다. 소액으로 꾸준히 적립하다가 금융 위기 시 금과 달러의 자산이 빛을 발할 때 자산을 팔면 높은 수익률을 얻을 수 있습니다.

VIP가 선호하는 달러 투자법

달러의 경우 달러 적금을 추천합니다. 외화 자유 적립예금으로 가입 기간은 3~24개월 정도입니다. 자유적립식으로 처음 신규 가입은 은행에서 하고 그 후 납부는 인터넷으로도 가능합니다. 달러에 투자하면서 목적자금을 달러로 만드는 것입니다.

달러 적금이 번거롭다면 달러 입출금 통장을 추천합니다. 외화입출금 통장을 개설하면 달러를 원화 입출금통장처럼 편하게 거래할 수 있습니다. '외화 보통예금'이라고도 불립니다. 달러뿐만이 아니라 엔화, 유로화 등 한 계좌에 여러 통화를 자유롭게 거래할 수 있습니다. 환율이 떨어졌을 때, 달러 가격이 상대적으로 하락했을 때 환전하여 달러를 외화입출금 통장에 입금해놓을 수 있습니다. 실제로 VIP 고객들은 환율이 떨어졌을 때 수시로 오서서 환전하여 달러를 달러입출금 통장에 저축해 놓으셨다가 환율이 오르면 원화로 환전하여 이익을 얻었습니다.

달러로 가입하는 펀드들도 있습니다. 원화를 환전하여 달러로 직접 가입하고 운용하는 펀드입니다. 그중 미국 준정부 채권에 투자하는 달러 펀드가 안정적인 수익률로 인기가 높았습니다. 달러로 이자와 수익률을 얻고 싶은 고객이 선호하는 펀드입니다.

실제로 VIP 고객들은 달러에 상당히 관심이 많습니다. 수시로 오셔서 환율이 낮을 때 환전해서 달러 실물을 보유하거나 달러 통장에 입금합니다. 환율이 높을 때 다시 환전해서 환차익을 바로 보는 고객도 있지만, 그보다는 보유목적으로 달러를 모아놓는 경우가 많습니다. 국가 경제가 위기이거나 어려울 때는 원화 가치는 급격히 떨어지고 상대적으로 달러 자산이 안전하기 때문에 이러한 위기에 대비하는 목적으로 보유하는 것입니다. 넓은 의미에서 원화로만 자산을 가지고 있는 것보다는 내 자산의 일부는 달러로 가지고 있는 것도 분산투자라고 볼 수 있습니다.

안정적인 실물자산, 금 투자법

달러도 좋지만, 경제가 어려울 때 미국이 달러 화폐를 많이 찍어냄으로써 현금의 가치가 실물가치보다 떨어지는 것을 우려하는 고객도 있습니다. 이런 고객은 보통 부동산이나 주식 등 자산 가격은 오르지만, 현금만 보유할 경우 자산가치의 상승을 따라가지 못하는 것 아니냐며 달러보다 실물자산과 금을 선호합니다.

금도 금융 위기에 빛을 발하는 자산입니다. 금은 세계 어디서나 통용되는 대표적인 실물 안전자산입니다. 미국이 달러를 무한정 찍어내게 되면 상대적으로 화폐가치가 떨어지고 실물 자산의 가치가 올라가게 됩니다. 우리가 실물로 소유할 수 있는 금, 부동산 등이 실물자산입니다. 금은 골드바 형태인 실물로 소유할 수는 있지만, 골드

바의 가격이 생각보다 비싸고 실물로 보관하기가 쉽지 않습니다. 이럴 때 활용할 수 있는 '금 통장'과 '금에 투자하는 펀드'가 있습니다.

금 통장은 은행에서 신규 가입할 수 있습니다. 금 실물을 직접 거래하지 않고 통장으로 거래하는 것입니다. 신규 가입 시 1g부터 가능해서 현재 기준 6~7만 원대로 시작 할 수 있어 부담 없이 금에 투자할 수 있는 장점이 있습니다. (2021.8월 기준)

금 관련 펀드에 투자할 수도 있습니다. 국제 금 가격을 추종하는 인덱스 펀드에 가입하여 꾸준히 적립한다면 금의 가격에 따라 이익을 얻을 수 있습니다.

금과 달러 모두 가격 변동성이 있어서 단기간 투자를 생각하거나 원금이 무조건 보전되어야 한다는 사람에게는 추천하지 않습니다. 대신 다가올 금융 위기가 걱정되고 그에 대비하는 장기 투자를 목적으로 한다면 위기를 대비할 수 있을 것입니다.

요즈음 VIP 고객들은 나라 경제를 걱정하며 달러를 많이 샀습니다. 다가올 위기에 대비해 보유목적으로 달러를 매입합니다. 시세에 따라 자주 사고팔고 하며 환차익을 내는 것이 아니라 꾸준히 사며 달러의 보유 금액을 늘려나가는 것입니다.

매번 시세를 직접 확인하는 것이 번거롭다면 환율 알림 문자 서비스를 신청해서 매일 환율 정보를 문자로 받을 수 있습니다. 환율이 근래 가격이 내려갔을 때 소액으로 사두면 좋습니다. 달러 적금이 아니어도 일반 달러 통장을 만들어서 그때마다 환전해서 입금할 수 있습니다. 다가올 금융 위기가 걱정된다면 걱정만 할 것이 아니라 오히려 위기 때 빛을 발할 수 있는 금융자산을 만들어 놓는다면 더는 위기가 두렵지 않을 것입니다.

세액공제와 노후준비를 한 번에?

노후준비, 하고 있으신가요?

노후에도 부부 생활비로 월에 300만 원은 필요하다고들 하는데, 그것에 미치지 못하는 국내 고령층 빈곤율이 43.8%에 달하는 요즘에는 '연금 더 많이 들어놓을걸', '직장 다닐 때 노후자금 더 많이 준비해둘걸'하고 후회하는 분들이 늘고 있습니다.

VIP 고객과 대화를 나누다 보면 이들도 '젊을 때 더 노후준비를 해둘걸' 하고 후회를 많이 합니다. 목돈을 정기예금에 가입해 놓고 이자로 생활하셨던 어르신들은 예금 금리가 내려갈 때마다 한숨을 쉬십니다. 1억 정기예금 이자가 1%인 경우 1년에 세금을 제하면 100만 원도 안 되기 때문입니다. 1억 정기예금 이자로는 1년은커녕 한 달도 생활하기 힘듭니다. 그렇다면 노후준비 과연 어떻게 해야 할까요?

우리가 종잣돈을 모으는 목적 중 하나는 노후를 준비하기 위해서입니다. 직장 퇴직 후 퇴직금과 국민연금이 있긴 하지만 그것만으로는 부족한 것이 사실입니다. 국민연금과 퇴직금에 더해 내가 준비하는 노후자금이 있어야 은퇴 후 안정되고 여유 있는 생활을 할 수 있습니다.

퇴직을 앞둔 직장인 고객은 미리 연금 준비를 충분히 하지 않은 것에 대해 후회하시는 분들이 많습니다. 반면 종잣돈도 만들고 연금도 준비하신 분들은 여유롭게 노후 생활을 즐기십니다. 여행, 친목 모임, 취미생활 등 소득이 없이도 원하는 생활을 할 수 있습니다. 저축과 투자로 노후자금을 마련했을 때 소득 없이 경제적 자유를 누릴 수 있습니다. 직장 퇴직 후, 경제적 자유를 이루고 내가 정말 하고 싶은 것을 하며 사는 삶을 꿈꾸고 싶지 않으신가요? 경제적 자유를 위해선 준비가 필요합니다.

저는 선천적으로 걱정이 많은 성격입니다. 초등학교 때부터 다음 날 시험이 있거나 발표가 있는 날이면 잠이 안 왔고 새벽에 눈을 뜨곤 했습니다. 미래에 대한 불안을 못 견뎠습니다.

저의 이런 불안 극복 방법은 계획과 준비였습니다. 두려운 일을 앞두거나 미래가 불안할 때는 계획을 철저히 세웠고 준비했습니다. 그러면 걱정이 줄어들었고 그나마 마음을 놓을 수 있었습니다.

발표가 있기 전에는 대본까지 만들어서 실제 발표하는 것처럼 연습하곤 해서 실전에서는 잊어버리거나 망쳐본 경험이 잘 없습니다. 시험 기간에는 시험 과목별로 무조건 시험 전에 모든 과목을 볼 수 있도록 시간표를 짜서 계획대로 공부했습니다. 이로써 시험을 망칠 것 같은 불안감, 발표를 못 할 것 같은 걱정을 덜었습니다.

결과는 크게 못 보거나 실패한 적이 없습니다. 하지만 사실 결과보다도 계획을 짜서 내가 그대로 실행하고 계획을 지키면 스스로가 만족스러웠고 안심하게 되었습니다. 미래에 대한 철저한 계획과 실행이 현재를 더 몰입할 수 있게 해주고 행복하게 해주는 열쇠라고 생각합니다. 시험 전에 암기과목 같은 것은 거의 시험 범위를 다 외웠었습니다. 그땐 단순히 암기력이 좋았다고 생각했었는데, 돌이켜보니 미래에 대한 두려움을 극복하는 나름의 방법이었던 것 같습니다.

퇴직 후가 불안하신가요? 돈이 모이지 않아 불안하신가요? 집이 없어 불안한가요? 미래에 대한 막연한 불안함을 느끼고 현실을 한탄하기보다는 미래에 대한 철저한 준비로 마음 편한 현재를 즐기세요. 돈 때문에 다니기 싫은 회사에 다닌다고 생각하기보다는, 회사에 다니며 몇 년 동안 종잣돈을 얼마 모으고 언제 퇴직해서 무엇을 할 것인지 철저한 계획을 세워보세요. 돈 때문에 회사를 다닌다는 마음 대신 종잣돈을 모으고 퇴직 후 무엇을 할 것인지 생각하며 현재에 집중하면 의미 있는 현재를 즐길 수 있습니다.

세액공제와 노후준비를 동시에 하는 IRP 통장

꾸준한 저축으로 매년 이자 받고 노후준비를 동시에 시작해보는 건 어떨까요?

연말이 되면 연말정산 때 금액을 환급받을 수 있는 세액공제 상품을 물어보는 고객이 많습니다. 세액공제 상품이 없으면 환급받는 금액이 적거나 오히려 환급이 아닌 세금을 내야 하는 경우도 발생합니다.

이런 고민을 해결해줄 노후준비와 세액공제 둘 다 동시에 가능한 상품이 있습니다.

IRP는 소득이 있는 근로자, 자영업자, 그리고 직역 연금가입자(공무원, 사립학교 교직원, 군인) 모두 가입 가능합니다. 납입한도는 연간 1,800만 원이고, 이중 세액공제를 받을 수 있는 한도는 연간 700만 원입니다. (2020.11.25 기준) 5,500만 원 이하 근로소득자일 경우 연말에 최대 1,155,000원을 환급받을 수 있습니다. 5,500만 원 초과 근로자라면 최대 924,000원을 연말에 환급받을 수 있습니다. 매월 820만 원씩 적금을 입금했을 때 세후 이자가 연 2% 가정 시 약 902,000원입니다. IRP에 매월 58만4천 원을 넣는 것이 적금에 매월 820만 원 입금해 받는 이자와 같은 효과를 얻을 수 있습니다. 그리고 연금 수령은 만 55세부터 가능하고 수령 시점에 10년~40년 중에 몇 년 동안 받을지 선택하면 됩니다.

단, 노후준비 상품이다 보니 중도에 찾거나 일시에 찾을 수 없습니다. 가능은 하지만 중도해지를 하면 연금 외 수령 시 이자에 대해 과세하는 것이 아니라, 총금액에 대해 16.5% 과세하기 때문에 그동안 입금한 원금보다 적게 받을 수 있습니다.

즉, 노후자금으로 꾸준히 입금하며 중도에 찾지 않아도 되는 금액을 입금해야 합니다. 부담스럽다면 일단 10만 원부터 가입해도 좋습니다. 꾸준히 입금 가능한 금액으로 가입하여 해지하지 않는 것이 중요합니다.

IRP의 장점 중의 하나는 입금을 자유롭게 할 수 있는 것입니다. 내가 매달 10만 원씩 자동이체를 하다가 중간에 납입하기 힘들어지면 입금을 중지할 수 있습니다. 중지 후에 다시 20만 원을 입금해도 되고, 몇 달을 입금 하지 않다가 12월에 한 번에 700만 원 입금하는 것도 가능합니다. 연간 700만 원을 입금하면 최대 세액공제를 받을 수 있기 때문에 12월에 오셔서 한 번에 700만 원 입금하는 고객들도 종종 있습니다.

납입 기간이 길고 일시에 찾지 못한다는 점이 있지만, 오히려 이런 강제성 때문에 장기 저축을 하며 노후준비를 할 수 있습니다. 퇴직할 시점이면 오히려 이런 상품에 가입하기 잘했다는 생각이 들 것입니다. 그리고 연말 정산할 때도 매년 이자를 받을 수 있으니 생각보다 더 재미를 느낄 수 있습니다.

실제로 연말정산을 받는 2월에 연금 상품에 가입하러 오는 고객도 많이 있습니다. 연금 상품이 없다 보니 세액공제를 거의 못 받고 오히려 금액을 더 내야 하는 경우들이 종종 있기 때문입니다. 하지만 연금 상품에 미리 가입하여 입금했다면 오히려 13월의 월급을 받을 기회가 됩니다.

IRP 안에 운용상품은 내 마음대로 정할 수 있습니다. 원리금보장상품(정기예금 등)과 실적배당형 상품(펀드 등)으로 가입자가 자유롭게 운용할 수 있고, 추후 상품 변경도 가능합니다. 또 한 상품만 운용해야 하는 것이 아니라 원리금보장상품 70%, 실적배당 30% 등 비율도 직접 조절할 수 있습니다. 인터넷으로도 가능합니다.

소득이 있을 때 소득이 없어질 때를 대비해서 미리 저축과 투자를 하고 미래를 준비한다면 막연한 불안함과 두려움 대신 적극적으로 나의 미래를 설계할 수 있습니다. 꾸준한 저축과 투자로 종잣돈을 만들고 자산을 늘린다면 나의 미래 역시 내가 원하는 모습으로 상상하는 대로 만들어질 수 있을 것입니다.

IRP를 통해 저축과 소득공제 그리고 노후준비를 한 번에 하며 내가 원하는 미래를 만들어 가시길 바랍니다.

월 34만 원으로 노후 걱정 끝!

매월 34만 원으로 연금펀드 가입하기

노후준비 얼마나 하고 있으신가요?

고객에게 노후준비 잘하고 있으시냐고 여쭤보면 대부분 필요성은 느끼고 있지만 막상 어떻게 해야 할지 얼마나 해야 할지 막연해합니다.

저는 가능하면 월 34만 원으로 노후준비를 하자고 말씀드립니다. 왜 월 34만 원일까요? 과연 월 34만 원으로 노후준비가 가능할까요?

월 34만 원으로 연금 상품에 가입하여 세액공제 받는 금액은 연 66만 원입니다. (총급여 5,500만 원 이하 기준) 이는 연 2% 가정 시 정기적금에 매월 600만 원 가입했을 때 받는 이자와 같은 효과를 얻을 수 있습니다. (659,880 원) 즉, 매월 34만 원 적금을 넣으면서 월 600만 원 적금 가입한 것과 같은 효과를 볼 수 있는 것입니다.

직장인이 가입하기 좋은 금융상품으로 연금펀드를 추천합니다. 연금펀드는 앞서 말한 IRP 통장 안에서 연금펀드 상품 중 하나를 선택해서 가입하면 됩니다. 세액공제를 받을 수 있고 장기투자 시 복리 효과를 누릴 수 있습니다.

매월 34만 원씩 연 5% 수익 예상 펀드에 가입할 경우 30세에 가입한다면 30년 동안 납입 했을 때 투자 원금은 122,400,000원입니다. 연간 5% 수익 예상 시 투자 이익은 약 1억 5천 6백만 원입니다. (펀드의 경우 평가금액에 따라 수익률이 달라져서 정확한 금액을 예측하기 힘들기 때문에 연 복리로 가정하여 계산했습니다.) 원금보다 이자가 많아지는 것입니다. 총 투자 원리금은 약 2억 7천 8백만 원이 됩니다. 직장을 퇴직할 때 내가 준비한 약 3억 원의 노후자금이 생깁니다. 또한, 그동안 세액공제 받은 금액만 해도 1,980만 원이 됩니다. 약 2천만 원을 절약한 셈이 됩니다. 이렇게 하면 월 34만 원으로 은퇴 후 25년 동안 매달 약 100만 원의 노후 자금을 준비할 수 있습니다.

많은 분이 자산 대부분을 부동산으로 가지고 있습니다. 부동산을 소유해 월세를 받아 노후준비를 하는 것도 좋은 방법이지만, 최근 부동산 규제로 부동산 시장이 위축되었고 잘못하면 노후에 세금이 더 부담스러워질 수 있습니다. 또한, 부동산은 금액이 크기 때문에 부동산을 여러 채 소유해 월세를 받기는 쉽지 않습니다.

반면 연금펀드는 매월 34만 원으로 세액공제도 받고 나의 월세를 준비할 수 있습니다. 연금펀드를 통해 우량한 펀드에 가입하고 꾸준히 투자한다면 가능합니다. 소액으로 투자하고 노후에 안정적으로 월세처럼 받을 수 있습니다. 또한, 매년 세액공제로 이자도 받을 수 있습니다.

실제로 여의도에 있는 지점 근무 당시 많은 직장인 고객이 세액공제 혜택 때문에 연금 상품에 관심이 높았습니다. 세액공제와 노후준비를 동시에 할 수 있다는 것을 안내해 드리면 매우 반응이 좋았고 많이 가입하셨습니다. 34만 원이 부담스러우신 분들은 10만 원부터 가입해보는 것을 권유 드립니다. 크게 부담스럽지 않은 선에서 연금을 준비하고 우량한 좋은 펀드를 선정하여 장기간 유지할 경우 복리와 시간의 힘으로 노후자금을 준비할 수 있습니다.

앞서 말한 IRP 통장을 만들어서 IRP 안의 펀드 상품에 가입하면 내 노후준비 펀드 통장이 됩니다. 나의 성향에 맞는 펀드를 선택해서 투자해보세요. 혹시 펀드의 수익률이 높지 않아 다른 상품으로 변경하고 싶으면, 펀드를 해지하지 않고 IRP 계좌 안에서 변경할 수 있습니다.

IRP 계좌를 만들지 않아도 연금펀드를 따로 가입하여 관리할 수도 있습니다. 펀드 상품 중에 연금펀드가 따로 있는데 펀드의 종류는 같지만, 연금 용도로 관리되어 마찬가지로 세액공제 혜택을 받을 수 있습니다. 단 중도해지 시 세액공제 혜택이 사라지고 혜택 받았던 금액을 다시 과세합니다.

은퇴를 앞두고 은퇴 후에 무엇을 할지, 어떻게 생활해야 할지 막막

부자가 은행을
떠나지 않는 이유

하고 두려워하지 말고 미리 노후를 준비하고 설계함으로써 기대되는 노후를 맞이하는 것은 어떨까요? 직장생활을 열심히 하며 내가 꿈꾸는 또 다른 인생 그리고 또 다른 하고 싶었던 일들을 계획하며 준비한다면 오히려 퇴직 후를 기다리며 즐거운 은퇴 생활을 할 수 있습니다.

나만의 포트폴리오를 가져라

부자들의 돈 관리법

《이웃집 백만장자》의 저자 토머스 스탠리는 미국과 캐나다의 백만 장자들을 연구했습니다. 그가 말한 백만장자들의 가장 큰 특징은 돈 관리를 잘한다는 것입니다. 실제로 저 역시 VIP 창구에서 일하며 느 낀 점은 '부자들은 돈 관리를 잘한다' 입니다. "적은 돈을 뭐 하러 입 금해"가 아닌 "적은 돈이라도 입금하자"라고 말합니다. 단 1천 원이 라도 저축하고 투자하는 돈으로 생각하는 것입니다.

> "부자가 가난한 사람들보다 똑똑한 것은 아니다. 다만 돈을 다루 는 습관이 다르고 그 습관이 유익한 습관이라는 게 차이 날 뿐이 다." —《백만장자 시크릿》, 하브에커

돈을 다루는 것은 습관입니다. 우리가 무의식적으로 자주 하는 일 들이 쌓여 현실로 나타납니다. 돈을 관리하는 습관이 쌓이다 보면 그

결과로 부가 현실이 됩니다. 부자들은 돈을 관리하는 습관을 지니고
있습니다.

제가 관찰한 부자들의 은밀한 돈 관리법을 소개합니다.
하지만 이것은 누구나 할 수 있는 방법입니다.

The Secret 1. 회전형 정기 예금 활용하기

부자들은 1개월이라도 정기예금에 가입합니다. 1개월 정기예금을
매번 가입하고 해지하는 것이 귀찮다고요? 부자들은 회전형 정기예
금을 활용합니다. 회전형 정기예금은 일반 1년짜리 정기예금을 회전
형으로 가입할 수 있는 것입니다. 예를 들면 '1년 만기 3개월 회전형'
정기예금에 가입하면 예금금리는 3개월 정기예금 금리가 적용되고 3
개월 후에 해지할 수 있습니다. 만약에 해지하지 않으면 다시 저절로
3개월 예금으로 재예치가 되는데 이때 금리가 변동될 수 있습니다. 3
개월마다 재예치 되고 3개월이 되면 중도해지 이율이 아닌 약정된 3
개월 이자를 받습니다. 이렇게 3개월마다 재예치 되는 것이 1년 동안
유지되는 것입니다. 1년이 지나면 다시 해지하고 신규 가입을 해야
합니다. 회전형은 보통 1개월, 3개월, 6개월로 회전 기간을 정할 수
있습니다. 부자들은 혹시 언제 써야 할지 모르는 자금이라도 회전형
예금에 가입해서 돈을 관리합니다.

집에 동전이 아무렇게나 굴러다니진 않나요? 부자들은 동전이나

천 원짜리를 모아두었다가 가져와서 통장에 입금합니다. 모아서 입금하면 그것이 모여 몇만 원의 돈이 됩니다. 잔돈을 자유적금에 입금해보세요. 자투리 돈이 생길 때마다 자유적금에 저축해보세요. 모으면 투자자금이 될 수 있습니다.

The Secret 2. 여러 개의 통장으로 나누어 관리하기

부자들은 여러 개의 통장이 있습니다. 용도에 따라 다른 상품에 가입합니다. 안전자산을 묶어두는 정기예금, 목돈을 모으는 정기적금, 장기투자하는 펀드, 청약 저축, 노후준비 연금통장 등 용도와 기간에 따라 다른 상품으로 가입해 포트폴리오를 구축합니다. 은행에 정기적으로 방문해 자산현황표를 출력해달라고 요청하여 살펴봅니다. 현재 수익률이 어떤지, 자산이 현재 어떻게 구성되어있는지 함께 보며 설명해드리고 체크하며 변경할 부분이 있는지 상담 후 포트폴리오를 변경합니다.

관리할 만큼의 돈이 없다는 건 핑계입니다. 사실 많은 고객에게 포트폴리오를 만들 것을 권유하면 "돈이 없어요."라는 대답 대신 "귀찮아요."라는 답이 더 많이 돌아옵니다. 그러나 하브에커는 자신의 저서 《백만장자 시크릿》에 이렇게 말했습니다.

""관리할 만큼의 돈이 없다."라고 이유를 대는 사람들은 망원경을 반대편에서 바라보고 있다. "돈이 충분해지면 관리를 시작하겠다."라고 말해야 하는 것이 아니라 "돈을 관리하기 시작하면 돈이 충분해질 것이다."라고 말해야 하는 것이 현실적인 정답이다."

부자 되는 포트폴리오 만들기

사람들은 대부분 부자가 되고 싶어 합니다. 부자가 된 사람의 결과와 모습만을 부러워합니다. 그들이 돈을 관리하고 저축, 투자하는 과정은 생각하지 않고 말입니다. 부자들이 저축, 투자한 과정을 바라보고 하나씩 실행해나가고 부자의 모습을 그려보세요. 관리하기 귀찮다면 부를 쌓는 길과 멀어집니다.

적금은 1만 원부터, 펀드는 10만 원부터 가입할 수 있습니다. 나의 성향과 기간, 목적에 따라 적합한 상품을 골라 나만의 포트폴리오를 만들어 보세요.

부자가 되는 첫걸음은 종잣돈 모으기입니다. 1천만 원을 넘어 약 5천만 원의 종잣돈이 모이면 무엇이든 시작할 수 있습니다. 대출을 활용해 부동산을 구매할 수 있고, 내 사업을 시작할 수도 있으며 새로운 공부를 시작할 수도 있습니다. 내가 어떤 인생을 살고 싶은지 생각해보고 부자가 되기 위한 첫걸음으로 아래 가이드를 참고하여 종잣돈 모으기를 시작해 보세요.

:: <CASE 1> 월 150만 원, 안정형 성향인 고객의 종잣돈 모으기 ::

부자가 되기 위해선 종잣돈 모으기가 우선으로 되어야 합니다. 안정적 성향의 고객이라면 ISA 적금을 활용해 비과세로 3년간 종잣돈 모으기를 추천합니다.

▶ ISA 적금, 3년 납입, 연 2.5%, 월 150만 원
= 56,081,250원(원금 54,000,000원, 이자 2,081,250원)

3년을 꾸준히 적금에 입금하면 원금이 보장되고 이자도 비과세로 받으며 확실한 종잣돈 마련을 할 수 있습니다. 강제저축으로 월 150만 원씩 3년 꾸준히 입금해보세요. 종잣돈 5천 6백만 원으로 무엇이든 시작할 수 있습니다.

:: <CASE 2> 월 150만 원, 꾸준한 투자로 자산을 불리고 싶은 위험 중립형, 적극 투자형 고객의 종잣돈 모으기 ::

월 150만 원으로 연 5%의 꾸준한 수익률을 원하는 위험 중립형, 적극 투자형 성향의 분들도 많습니다. 이들은 꾸준한 자산증대를 목적으로 합니다. 상품 중에는 글로벌 주식 혼합펀드, 국내 고배당 펀드 등으로 우량한 회사의 주식과 우량회사채에 투자하는 펀드를 추천합니다. 또한, 적금과 펀드를 동시에 가입함으로써 꾸준한 저축과 투

자로 자산 증대하는 것을 추천합니다.

1) 3년 납입, 글로벌 주식 혼합형 펀드, 연 5%, 월 50만 원(누적 15%)
약 20,700,000원(원금 18,000,000원, 세전수익 약 2,700,000원)

+

2) 3년 납입, 국내 배당형 펀드, 연 5%, 월 50만 원(누적 15%)
약 20,700,000원(원금 18,000,000원, 수익 약 2,700,000원)

+

3) 3년 납입, ISA 적금, 연 2.5%, 월 50만 원
약 18,693,750원(원금 18,000,000원, 이자 693,750원)

= **총 60,093,750원**

3년을 꾸준히 투자할 경우 글로벌 펀드와 국내 펀드로 분산 투자해서 지속적인 수익을 추구할 수 있습니다. 주식과 채권을 혼합한 주식 혼합형 펀드에 가입하여 변동성을 줄이고, 배당형 펀드로 우량한 기업에 투자하는 펀드에 가입하여 안정적인 수익을 목표로 합니다.

적금과 투자를 동시에 진행함으로써 흔들리지 않고 종잣돈을 모으며 수익을 추구하는 방법을 생각해 볼 수 있습니다. ISA 적금이 만기 되면 ISA 내에 예금으로 전환하여 종잣돈을 굴릴 수 있게 됩니다.

:: **<CASE 3> 월 150만 원, 수익률을 중요시하는**
공격 투자형 고객의 종잣돈 모으기 ::

　매달 월 150만 원의 여유자금이 있고, 원금손실을 감수하더라도 수익률을 중요하게 생각하는 성향이라면 주식형 펀드 투자로 자산증식을 이루는 방법을 추천합니다.

　1) 3년 납입, 선진국 미국 주식형 펀드, 연 20%, 월 50만 원 (누적 60%)
　약 28,800,000원 (원금 18,000,000원, 세전수익 약 10,800,000원)

+

　2) 3년 납입, 선진국 4차산업 주식형 펀드, 연 35%, 월 50만 원 (누적 105%)
　약 36,900,000원 (원금 18,000,000원, 세전수익 약 18,900,000원)

+

　3) 3년 납입, 글로벌 혁신기업 주식형 펀드, 연 35%, 월 50만 원 (누적 105%)
　약 36,900,000원 (원금 18,000,000원, 세전수익 약 18,900,000원)

= 총 102,600,000원

　3년 동안 꾸준히 성과가 좋은 글로벌 주식형 펀드에 투자한다면 1억 모으기가 가능합니다. 성과가 좋은 펀드 선정이 어렵다면 은행을 방문해서 상담해도 되고, 인터넷뱅킹 상의 판매 BEST 펀드나, 이달의 추천펀드를 참고하면 도움이 됩니다.

당신은 이미 부자입니다

부자가 된 이후의 삶을 상상해보세요. 《하루 1시간, 책 쓰기의 힘》의 저자 이혁백 작가는 행복의 조건으로 돈, 건강, 사랑, 일, 관계 다섯 가지가 충족되어야 한다고 합니다. 다섯 가지 중에서 한 가지라도 충족되지 못한다면 우리는 행복하지 않다고 느낀다는 것입니다.

부자가 되면 과연 다섯 가지 조건을 다 충족할 수 있을까요? 우리는 행복해지기 위해서 부자가 되고 싶어 합니다. 행복의 다섯 가지 조건을 충족하기 위해서 나만의 기준을 세우는 것이 필요합니다. 행복해지기 위해 돈을 얼마나 모을 것인지 일은 어떤 일을 할 것인지 관계와 사랑은 어떻게 유지할 것인지 자신만의 기준이 필요합니다. 그리고 자신의 기준을 세우고 균형을 이루며 행복의 조건들을 잘 관리하고 키워나가야 할 것입니다.

자신만의 종잣돈을 모으고 부자가 되고 싶은 목적과 기준을 세우시길 바랍니다. 목적과 기준이 있다면 종잣돈을 모으는 과정에 흔들리지 않고 즐거운 마음으로 저축할 수 있게 됩니다.

워킹맘인 저는 항상 시간이 부족하다고 느꼈습니다. 경제적 자유를 이루면 시간적 자유를 가지고 싶었고 나만의 시간이 많으면 행복할 것 같았습니다. '건물주는 일 안 해도 돼서 좋겠다, 부잣집 며느리는 일 안 해서 좋겠다.'라고 생각했었습니다. 그러나 현재 휴직으로 시간적 자유를 누리고 있지만, 휴직으로 인해서 일, 관계 두 가지 요건이 충족되지 않으니 예상처럼 행복하지 않았습니다. 정작 나의 일이 없어지니 사회적 관계 또한 없어졌고 일로부터 얻었던 성취감, 보람 등이 사라지니 허전하고 나의 한 부분이 사라진 것 같았습니다.

돈이 많아서 넓은 집에 살며 매일매일 여행 다니고, 쇼핑하고, 영화 보고 노는 일상은 제가 원하고 꿈꾸는 삶은 아닙니다. 저는 아이들이 하고 싶은 일을 할 수 있게 해주고, 나의 일을 열심히 하고, 내가 좋아하는 책을 읽고, 글을 쓰고, 한 번씩 가족여행을 가는 일상이 제가 꿈꾸는 삶입니다. 사실 그런데 생각해보니 제가 꿈꾸는 삶은 제가 이미 살고 있었던 삶이었습니다. 정작 나는 느끼지 못했던 일상이었습니다.

전에는 일을 안 할 수 있어서 시간적 자유를 누리고 싶어서 부자가 되고 싶었는데, 정작 시간적 자유를 누리고 나니 일이 행복의 조건이었다는 사실을 알게 되었습니다. 내가 꿈꾸던 모습은 사실 내 안에 있었다는 생각이 듭니다. 왜냐하면, 우리는 이미 완전한 존재이고 존재 자체로 완벽하기 때문입니다. 무엇을 성취해야 완벽해지는 것이 아니라 우리는 이미 존재하고 사는 것만으로도 아름답고 충만합니다. 저도 10대부터 30대까지 계속 성취하기 위해 노력했고 실제로 성취한 것들도 있습니다. 좋은 대학을 가기 위해 공부했고, 좋은 직장을 얻기 위해 취업 준비를 했고, 직장에서는 더 나은 업무를 하기 위해 또 시험을 봤고, 행복한 가정을 꾸리기 위해 결혼했고, 내 집 마련을 하고…. 정말 쉼 없이 달려왔습니다.

아직도 저에겐 남은 레이스들이 있습니다. 아이를 잘 키우고 좋은 학교에 보내야 하고, 직장에서 승진도 해야 하고, 노후자금을 준비해야 하는 등의 레이스들입니다. 삶의 레이스를 달리다가 잠시 멈추어보니 이러한 성취들도 결국 '사랑'이 없으면 허무하고 아무것도 아니라는 생각이 듭니다. 내가 그토록 노력하고 갖고 싶었던 것들도 결국에는 사랑과 나라는 존재가 없으면 중요하지 않은 것들이 됩니다. 나의 존재 그리고 사랑이 있다면 우리는 무엇이든 할 수 있고 무한한 가능성을 가지고 있다고 생각합니다.

내가 하고 있었던 일에 감사하고 소중함을 느끼셨으면 좋겠습니다. 단순히 돈을 벌고 부자가 되기 위해서 일하지 말고, 나를 위해서 그리고 남을 돕기 위해서 일하고 소중한 시간을 보내면 좋겠습니다. 종잣돈 만들기는 결국 돈이 목적이 아닌 나를 위한 것을 목적으로 해야 합니다. 내가 꿈꾸던 부자의 삶은 결국 지금 내가 사는 이 모습이었습니다. 감사하는 마음과 사랑하는 마음이 있으면 매일 충만하고 행복한 삶을 살 수 있습니다. 감사와 사랑 그리고 나를 소중히 하는 마음이 있으면 우리는 이미 완벽합니다.

1천만 원을 모으고 종잣돈을 모으고 자산을 불리는 과정에서 나는 이미 완벽하고 행복하다는 것을 잊지 마시기 바랍니다. 그리고 나를 위해, 감사하고 사랑하기 위해, 충만한 삶을 위해 종잣돈이 유용하게 관리되고 쓰이면 좋겠습니다.

나다운 삶을 위한 당신의 종잣돈 만들기, 그리고 사랑하는 삶을 응원하겠습니다.

VIP가 선호하는 달러&금 투자법

1. 달러 적금
외화 자유 적립예금으로 가입 기간은 3~24개월 정도이며 자유적립식으로 처음 신규 가입은 은행에서 하고 그 후 납부는 인터넷으로도 가능

2. 달러 입출금 통장('외화 보통예금')
달러뿐만이 아니라 엔화, 유로화 등 한 계좌에 여러 통화를 자유롭게 거래할 수 있어, 환율이 떨어졌을 때, 달러 가격이 상대적으로 하락했을 때 환전하여 달러를 외화입출금 통장에 입금해놓을 수 있음

3. 달러로 가입하는 펀드
원화를 환전하여 달러로 직접 가입하고 운용하는 펀드, 미국 준정부 채권에 투자하는 달러 펀드가 안정적인 수익률로 인기가 높았음, 시기 적절히 운용하면 수익률과 달러의 시세 차이를 모두 얻을 수 있음

4. 금 통장
실물로 보관이 어렵기 때문에 은행에서 신규 가입하여 금 실물을 직접 거래하지 않고 통장으로 거래하는 것. 신규 가입 시 1g부터 가능해서 현재 기준 6~7만 원대로 시작 할 수 있어 부담 없이 금에 투자할 수 있는 장점이 있음

5. 금 펀드
국제 금 가격을 추종하는 인덱스 펀드에 가입하여 꾸준히 적립한다면 금의 가격에 따라 이익을 얻을 수 있음

6. 보유목적
분산투자의 개념으로 국가 경제가 위기이거나 어려울 때는 원화 가치는 급격히 떨어지고 상대적으로 달러 자산이 안전하기 때문에 이러한 위기에 대비하는 목적으로 보유

EPILOGUE

책을 쓰는 과정에서 잘 읽히고 쉬운 재테크 책을 쓰고자 했습니다. 가능하면 알기 쉽게 설명하려 했고 저의 경험담을 토대로 썼습니다. 휴직 중에 은행 고객이 아닌 이웃 엄마들을 많이 만났습니다. 은행에서 근무한다고 하면 돈은 어떻게 모아야 하는지, 어떤 상품이 좋은지 많이 물어왔습니다. 재테크와 자산을 불리는 것은 너무 어렵고 다른 세상 이야기 같다고 하는 엄마들도 많았습니다.

재테크가 어렵게만 느껴지고 어디서부터 시작해야 할지 모르는 분들에게 쉽게 다가가고 싶었습니다. 금융상품과 재테크는 어렵지 않고 누구나 쉽게 가입할 수 있으며 실제로 실행하면 돈 모으는 재미를 느낄 수 있고 종잣돈을 만드는 즐거움을 알 수 있다고 이야기해 주고 싶습니다. 재테크가 어려워서 시도하지 못하고 있던 분들에게 이 책이 도움이 되면 좋겠습니다. 누구나 쉽게 은행에 가서 상품에 가입하고 종잣돈을 모아 내가 원하는 삶을 살면 좋겠습니다.

최근 부동산과 주식으로 돈의 쏠림이 일어나고 있습니다. 젊은 2030 세대들도 너도나도 주식에 뛰어들고 부동산을 구매합니다. 저금리 시대에는 '빚투(빚내서 하는 투자)'나 '영끌(영혼까지 끌어모아)' 하여 투자하는 것은 경제 위기가 와서 금리가 갑자기 높아지게 되면 경제적으로 힘들어질 수 있습니다. 충분히 공부해서 부동산과 주식에 투자하는 것은 좋지만 무리한 투자는 경제 위기 시 흔들리고 무너질 수 있습니다.

대출을 많이 받아 내 집 장만을 해서 부동산 가격이 많이 올랐어도 결국 팔지 않으면 내가 쓸 수 있는 돈은 당장 없습니다. 부동산 가격은 많이 올랐지만 매달 나가는 대출 원리금 때문에 내 생활이 더 팍팍해질 수도 있습니다. 자산은 많지만 물건 살 때마다 마음이 불편하고 돈을 쓸 때 스트레스를 받는다면, 과연 나는 부자가 된 것일까요?

돈을 쓸 때 마음이 편안하고 필요한 곳에 돈을 쓸 수 있는 부자가 되시기 바랍니다. 기초가 튼튼한 재테크를 통해 현재 소득에서 가능한 금액을 꾸준히 투자하고 저축해서 견고한 부의 그릇을 만들어 가시기 바랍니다.

부자가 은행을
떠나지 않는 이유